中國学術思想

研究輯刊

二五編

林慶彰 主編

第 20 冊

極體利用之道
——李道純道學思想研究

王彤江 著

花木蘭文化出版社

國家圖書館出版品預行編目資料

極體利用之道──李道純道學思想研究／王彤江 著 ── 初版 ──
新北市：花木蘭文化出版社，2017〔民 106〕
目 2+152 面；19×26 公分
（中國學術思想研究輯刊 二五編：第 20 冊）
ISBN 978-986-404-931-8（精裝）
1.（元）李道純 2. 學術思想 3. 道教
030.8   106001004

中國學術思想研究輯刊
二五編　第二十冊　　　　　　ISBN：978-986-404-931-8

極體利用之道
──李道純道學思想研究

作　　　者　王彤江
主　　　編　林慶彰
總 編 輯　杜潔祥
副總編輯　楊嘉樂
編　　　輯　許郁翎、王筑　美術編輯　陳逸婷
出　　　版　花木蘭文化出版社
社　　　長　高小娟
聯絡地址　235 新北市中和區中安街七二號十三樓
　　　　　　電話：02-2923-1455／傳眞：02-2923-1452
網　　　址　http://www.huamulan.tw 信箱 hml810518@gmail.com
印　　　刷　普羅文化出版廣告事業
封面設計　劉開工作室
初　　　版　2017 年 3 月
全書字數　124113 字
定　　　價　二五編 20 冊（精裝）新台幣 38,000 元

極體利用之道
——李道純道學思想研究

王彤江　著

作者簡介

王彤江，蘇州大學哲學博士，山東大學歷史學碩士，主要研究方向為道家與道教文化。目前在中國道教協會道教文化研究所從事研究工作。同時，兼任老子道學文化研究會常務理事兼副秘書長、丹道與養生文化研究會副秘書長等職務。

在學術方面，以道教哲學和養生學作為自己的主要研究領域。曾經參與國家社會科學重點項目《中國道教科學技術史》南北朝隋唐卷（科學出版社 2010 年出版）養生部份的寫作，並正在參與宋元明清卷內丹部份的寫作。在《中國宗教》、《中國道教》等期刊上發表論文多篇。除此以外，以弘揚中華優秀傳統文化為己任，從事過一系列的弘道工作。

提　要

李道純生活在宋元之際的社會大變動時期。他對於南宋滅亡的教訓有著深切體會，其「致中和」學說中貫穿著「極體利用」的價值訴求。「極體利用」實際上是針對南宋後期相當一部份深受理學浸潤的士大夫只知尋微於「體」而不知廣施於「用」的實際情況而提出的，旨在克服這個時代的主流思想中重「體」輕「用」的理論偏頗和價值偏失。作為一名道教思想家，李道純的「極體利用」思想是對中國哲學體用思想的重要發展。作為一名內丹學家，李道純還兼採內丹學南北二宗之理，創立了內丹學中派的理論與實踐方法，以為實現「極體利用」的最高目標而服務。李道純所開創的內丹理論與實踐方法，深深影響了元代以後內丹學的發展。對李道純中派丹法的研究，也是內丹學研究中非常重要的組成部份。

本文的主體內容由引言（緒論）與正文（共六章）兩大部份構成。

緒論部份主要是點明本文題旨，在概括和總結以往研究成果的基礎上指明本文的創意所在，尤其指出，本文的獨創性思想集中體現在：綜合已有研究成果並經過獨立思考，將李道純道學的核心思想概括為「極體利用」。正文是圍繞這一獨創性概括來論述李道純思想的。

第一章是鑒於以往研究中對李道純生平與學術缺乏細緻考察和對其思想產生的歷史背景缺乏說明的情況而設立。本章雖以較多篇幅用於考釋其生平及學術活動中所尚存的疑問之處，然其思想重心實在借助於古今學者的有關思想成果，審視李道純所處的時代，尤其是審視其思想的歷史文化背景，旨在說明，李道純是有感於南宋士人重「內聖」而輕「外王」、重「體」而輕「用」的弊端，才提出了他的「體用兼」的思想，其「致中和」學說則是表達這一思想的理論模型。這是依據古今學者的思想成果所做出的一種邏輯推斷。

第二章是通過對「致中和」學說與道家、道教「守中」學說發展過程的梳理，旨在說明，李道純的這一學說主要是為表達他的「極體利用」思想服務的，它在理論形式上借助於「體用」範疇來思考和辯說「中和」，其以「中」為「體」、以「和」為「用」的「致中和」思想，對道家和道教的「守中」思想既有所繼承更有所發展，其價值乃是導向於「應變」。

第三章是順著內在於李道純「致中和」學說中的「應變」價值導向來考察和論述其常變觀。其「常」「變」範疇實是其「體」「用」範疇的理論展開形式。從其對《老》《易》的闡發可見，李道純非常重視「常」「變」的對立統一：其《老》學以論常為特色，《易》學以論變為特色。這體現出其老學和易學對《老子》《周易》思想的有機整合之功，既以《易》之「變」補《老》之「常」，又以《老》之「常」補《易》之「變」。

第四章是接著上章更加具體地考察李道純心性學的「動」「靜」範疇。按李道純思想的內在邏輯，形而上之「常」與「變」的具體意義即落實於形而下之「動」與「靜」，其心性學即以對「動」「靜」關係的探討為理論特色。其「本心」概念是表示與「道」相合的虛靜無為之心境。在李道純看來，虛靜是心的本來狀態，是謂「道心」。人心與道心的區別在於動靜的不同，而心之動靜又是可以相互轉化和涵攝的，由人心向道心的回歸需要以致虛守靜的工夫作為基礎。

　　第五章是進一步考察李道純「致中和」思想在其「三教」關係觀中的具體表現，指出了李道純是以「中」來統一儒、釋、道三教之義，即認為「中」是「三教」的一貫之道，這是其「三教合一」思想的理論特徵。

　　第六章是考察李道純「極體利用」觀念在其內丹修煉理論中的具體表現，認為其修煉理論是以「有為與無為交替為用」為思想特點的，並指出：在李道純的內丹學體系中，有為與無為是交替運用的，有為可以「了命」，這是「利用」向度的體現；而無為可以「了性」，這是「極體」向度的體現。在李道純最具特色的玄關理論中，「玄關」是體用、動靜、內外轉換的通道，可以統攝未發、已發，從而合體用而為一，這其實也是其「體用」思想的體現。

　　本文最後以後人對於李道純的幾則經典評價作為結語。

目次

緒　論

一、選題的緣起與價值

　　李道純（字元素，號清庵，別號瑩蟾子）是宋末元初著名的道教思想家和內丹學家，他力倡「致中和」學說，並創立了內丹學中派。選擇李道純的道學思想作爲自己的博士論文研究課題，是幾種因素綜合作用的結果。

　　在很多年以前，筆者就曾學習過李道純所創立的內丹學中派和他的「致中和」思想。也正是因爲自己有這方面的學術基礎和研究興趣，我才報考了蘇州大學中國哲學道家與道教研究方向的博士生。我的博士生導師周可眞教授對於中國傳統哲學中的「中道」思想非常重視，認爲儒家、道家同尙「中道」。導師的這個觀點對我啓發很大，我很想順著導師的思路，對道家與道教中的「中」範疇及相關思想進行系統深入的研究。另外，我的碩士生導師姜生教授正在主持國家社會科學基金重點項目《中國道教科學技術史》宋元明清卷的編寫工作，其中內丹養生部份的寫作需要由具有相關專業知識的學者來承擔，我向姜老師表示，我願意並且很希望能承擔這個任務。是爲選作本文之緣起。

　　經過改革開放三十多年，中國取得了舉世矚目的偉大成就，人民的物質生活水平獲得了空前的提高，但與此同時在精神生活方面卻出現諸多問題。這不僅在一定程度上影響到相關個人的生活質量，更影響到整個社會生活的品質，影響到中國社會的和諧、穩定和可持續發展。因此，要眞正實現「中國夢」，除了科學技術和社會經濟的建設和發展，還需要紮實地開展以重塑民族精神和提高中華民族文明水平爲目標的文化建設。爲此，很有必要從中華傳統文化中發掘、整理、提煉有益的價值因素。這方面的工作，國內學界雖

早已開展，但研究者較多關注和重視的是儒家文化，道家及道教文化和佛教文化則相對受到輕視。在傳統價值的提煉方面，儘管「和諧」觀念受到普遍重視，但人們對於這方面的研究，卻是把更多目光聚焦於儒家，就彷彿「和諧」觀念本是儒家的一項「思想專利」似的。其實，儒家、道家同尚「中道」。道家與道教也有非常豐富的「中和」思想，認為事物只有處於「中」與「和」的狀態，才能最大程度地維持自身的秩序、發揮自身的功能。這些思想較之於儒家的「和諧」觀念又頗顯其「道學特色」，也是很值得、發掘、整理、研究和提煉的。

在道教典籍中，最為集中地討論「中和」者，當推李道純的《中和集》及其它相關論著。李道純生活在宋元之際的社會大變動時期，他對於南宋滅亡的教訓，有著深切的體會。在李道純的「致中和」思想中，貫穿著「極體利用」的價值訴求。「極體利用」實際上是針對南宋後期相當一部份深受理學浸潤的士大夫只知尋微於「體」而不知廣施於「用」的實際情況而提出的。作為一名道教思想家，李道純的「極體利用」思想是對中國哲學體用思想的重要發展。作為一名內丹學家，李道純還兼採內丹學南北二宗之理，創立了內丹學中派的理論與實踐方法，以為實現「極體利用」的最高目標而服務。李道純所開創的內丹理論與實踐方法，深深影響了元代以後內丹學的發展。對李道純中派丹法的研究，也是內丹學研究中非常重要的組成部份。

二、論文的研究方法及創新點

學術界對李道純思想的研究發端於 20 世紀 80 年代中期。從那時起，到 20 世紀 90 年代初，為李道純思想研究的初創時期。卿希泰、王沐、王家祐、詹石窗、潘雨廷等學者開始就李道純思想的某個方面進行專題研究，取得了一批奠基性成果。20 世紀 90 年代中期以後，關於李道純的研究出現了繁榮局面：一方面，張廣保、呂錫琛、劉固盛、孔令宏、陳進國、章偉文、酈國強、鄧紅蕾、楊杜才、申喜萍、暢紅琴、蔣朝君、肖進銘、丁孝明等學者共同推動了李道純思想的專題研究向深度開掘和廣度拓展，取得了一批標誌性成果；另一方面，如李大華、孫功進、岑孝清等學人則開展了對於李道純思想的多學科、多視域和多維度的綜合性學術研究，通過他們的不懈努力，產生了一批重要研究成果，這些成果體現了李道純思想研究的綜合化傾向與發展趨勢。

　　綜觀以往學術界對於李道純思想的研究情況（按：詳見下面附文），學者們大多僅僅是從文獻解讀的視野出發，而對於李道純思想產生的歷史背景則缺乏說明，對於其道學所蘊含的認識論與方法論價值闡發不夠，對於其道學在思想史上的地位也認識不足，對於其道學思想的現代價值更缺乏深入探討。今後，對於李道純思想的研究，應著力在這些方面取得突破。作爲中國文化的根柢，道教歷來被認爲是「雜而多端」的宗教；道教學術研究也應該通過多門學科的交叉、合作來推進。筆者希望能夠借助自己以往的學習經歷，綜合運用哲學的方法、歷史學的方法以及內丹學的方法，對李道純思想進行多維度詮釋。

　　張豈之教授曾在 2008 年「國學與西學」研究生暑期學校的授課中談到：「在學術創新中，要處理好哲學研究與歷史研究的關係。中國傳統文化是中國歷史的文化，它具有自己的特點。因此，研究中國傳統文化，特別需要以研究中國歷史爲基礎，而不能只作從概念到概念的抽象研究。」張先生的這番話在我心中留下了深刻印象，並深刻地影響了我學術研究的致思路向。

　　「哲學是時代精神的精華。」在哲學史上，新的概念和命題的提出往往是爲了或直接或間接地解決所處時代的社會問題；而概念和命題的發展、變化，也往往是爲了或直接或間接地適應歷史發展的需要。因此，對於概念和命題的考察，如果不能以歷史研究作爲基礎，就會陷入唯心主義的癡人說夢。從以往學術界對於李道純思想的研究情況來看，學者們主要以研究哲學思想和內丹理論爲主，較少涉及歷史背景的考察，即便是對於李道純的生平，也考察得不深不細。其實，一個人思想的形成和變化是與他的人生歷經和他所生活的時代特徵密不可分的，因此，筆者在研究過程中下了很大工夫考察了李道純的生平及其生活的時代背景，本文也是從考察宋元之際的思想文化背景入手，力圖揭示李道純思想產生的歷史原因。

　　本文是在綜合已有研究成果的基礎上進行獨立研究與思考的產物，「極體利用」是筆者對李道純道學的核心思想所做的獨創性概括。本文是圍繞這個核心思想來開展對李道純道學思想的考察與分析的，主要在下述幾個方面有所創新：

　　1、首次提出李道純思想的根本宗旨是「極體利用」，並基於對宋、元之際歷史文化背景的考察，探討李道純「極體利用」思想所要解決的問題。

　　2、通過對先秦以來「中和」這一概念的邏輯發展進程的考察，探討李道

純「中和」思想的理論來源、思想特色以及時代價值，首次揭示李道純「中和」思想中蘊涵的「極體」與「利用」這兩種指向性及其理論意義。

3、首次探討李道純老學、易學、三教同玄以及心性學等一系列思想中所隱含的「極體利用」之旨及其在李道純內丹學性命雙修理論中的具體表現。

4、基於對李道純著作和地方志中相關資料的整理，對李道純的生平與學術作出了細緻梳理。其中，在籍貫考辨、活動年譜、法脈承續、後世評價這幾個方面，都有所突破。

由於本人是由歷史學專業半路轉到哲學專業的，故對哲學的研究範式還未能完全做到駕輕就熟，再加上論文寫作期間身體上出現了一些意外情況，致使論文的寫作未能完全實現自己預先的設想。論文中的不足之處主要表現在以下幾個方面：

1、對於李道純「極體利用」之旨的哲學意義，闡述尚不夠充分。

2、部份章節在材料的引證上尚顯不足。

3、對於李道純內丹學理論與實踐的特色，揭示的還不夠深入。

希望以後經過充分思考，對論文的不足之處加以改進。

附錄 1　李道純思想研究綜述

自 20 世紀 80 年代中期以來，學術界開始了對於李道純思想的研究。《船山學報》1986 年第 1 期和第 2 期，分別發表了卿希泰、詹石窗的《李道純「老學」淺析》和王沐的《李道純之道統及其它》兩篇論文，開啓了李道純思想研究的先河。到目前爲止，經過各位研究者 20 多年的努力，已經積纍了相當可觀的研究成果。基於搜集到的相關資料，筆者現按研究專題分類，對以往關於李道純思想的研究成果進行回顧，並對李道純思想研究的未來發展方向作出展望。

一、生平、學派傳承與著作文獻研究

關於李道純的生平，現保存下來的史料很少。對於李道純的生卒年月，《道藏提要》載爲 1219～1296 年，但沒有列出根據。〔註 1〕很多學者都沿用此說。

〔註 1〕任繼愈主編：《道藏提要》，中國社會科學出版社，1991 年，第 1203 頁。

岑孝清認爲，李道純生年的上限爲 1219 年。〔註2〕胡世厚認爲，李道純卒年
應不早於 1312、1313 年。〔註3〕李大華根據有限的資料，對李道純的部份活
動進行了編年，但沒有討論李道純的生卒時間。〔註4〕

　　卿希泰、詹石窗據清代所修《湖南通志》卷二百四十二而認爲李道純爲
湖南邵陽武岡人。〔註5〕後來的研究者也大多採用此說。王家祐引《鳳陽府
志》卷三十三，把道純列爲盱眙縣道流；〔註6〕潘雨廷也持同樣看法。〔註7〕
岑孝清也斷言李道純爲江蘇淮安盱眙人。〔註8〕李大華則認爲兩種說法均沒
有充足的根據。〔註9〕對於李道純籍貫的不同認識，很大程度上來自對於「都
梁」這一古地名的不同解釋。

　　李道純師白玉蟾之弟子王金蟾，併兼採南北二宗，這已爲學術界所公認。
但對於李道純的道統傳承是以全眞道（北宗）爲主還是以紫陽派（南宗）爲
主，尚有不同見解：王沐認爲，李氏雖係南宗閏統，但功法則接近北宗；〔註
10〕鄺國強通過對清庵著作內容的分析，也認爲其學問基礎完全來自傳統的全
眞道；〔註11〕潘雨廷認爲，道純全本南宗而得其理，且能感及北宗全眞；〔註
12〕張廣保認爲，道純以南宗的內修理論爲基礎，吸收全眞道的三教合一的思
想；〔註13〕詹石窗也認爲，李氏之學說源流主要是出於紫陽派，但對全眞道

〔註2〕岑孝清：《李道純中和思想及其丹道闡眞》，宗教文化出版社，2010 年 3 月，
　　　　第 38～41 頁。
〔註3〕胡世厚：《白樸交遊考補》，載《山西大學學報》（哲學社會科學版）2002 年第
　　　　6 期，第 24 頁
〔註4〕李大華：《李道純生平事迹與著述考》，載《中國道教》2009 年第 4 期，第 32
　　　　～34 頁。
〔註5〕卿希泰、詹石窗：《李道純「老學」淺析》，載《船山學報》，1986 年第 1 期，
　　　　第 111 頁。
〔註6〕王家祐：《論李道純的內丹學說》，載《道教論稿》，巴蜀書社，1987 年，第
　　　　281 頁。
〔註7〕潘雨廷：《論李道純及其著作》，載《中國道教》，1994 年第 2 期，第 17 頁。
〔註8〕岑孝清：《李道純中和思想及其丹道闡眞》，宗教文化出版社，2010 年 3 月，
　　　　第 43～45 頁。
〔註9〕李大華：《李道純生平事迹與著述考》，載《中國道教》2009 年第 4 期，第 32
　　　　頁。
〔註10〕王沐著：《內丹養生功法指要》，東方出版社，1990 年 5 月，第 23 頁。
〔註11〕鄺國強：《李道純三教同玄論思想探析》，載陳鼓應、馮達文主編《道家與道教：
　　　　第二屆國際學術研討會論文集》，廣東人民出版社，2001 年 9 月，第 444 頁。
〔註12〕潘雨廷：《論李道純及其著作》，載《中國道教》，1994 年第 2 期，第 18 頁。
〔註13〕張廣保著：《金元全眞道內丹心性學》，三聯書店，1995 年 4 月，第 156 頁。

的思想也兼收並蓄；〔註14〕王家祐認爲，道純爲南宗傳人最早合於全眞道者。
〔註15〕

　　《道藏》中收錄的李道純的著作有《三天易髓》、《道德會元》、《全眞集玄秘要》、《中和集》、《清靜經注》、《太上升玄消災護命妙經注》、《太上大通經注》、《無上赤文洞古眞經注》、《清庵瑩蟾子語錄六卷》等九種。潘雨廷對李道純的這些著作做了簡明扼要的總述；〔註16〕並對其中的《中和集》、《全眞集玄秘要》、《三天易髓》、《清庵瑩蟾子語錄》的內容做了更爲詳細的介紹和點評。〔註17〕另外，王婉甄、白亮、李大華也對李道純的著作內容作了勾勒。〔註18〕楊霞對《中和集》各卷的結構、內容作了梳理。〔註19〕

　　另外，《道藏提要》〔註20〕、《中國道教》〔註21〕、《道教大辭典》〔註22〕《中華道教大辭典》〔註23〕以及《道藏分類解題》〔註24〕也對李道純的以上著作做了提要式的介紹和點評。

二、「中」與「中和」範疇研究

　　「中和」是貫穿李道純思想的核心範疇。對於李道純「中和」範疇的討論，也是李道純思想研究中極爲重要的一個方面。

〔註14〕卿希泰著：《續·中國道教思想史綱》，四川人民出版社，1999 年 8 月，第 314 頁，書中《後記》注明該節係採用詹石窗的稿件。

〔註15〕王家祐：《論李道純的內丹學說》，載《道教論稿》，巴蜀書社，1987 年，第 280 頁。

〔註16〕潘雨廷：《論李道純及其著作》，載《中國道教》，1994 年第 2 期，第 17～19 頁。

〔註17〕潘雨廷著：《道藏書目提要》，上海古籍出版社，2003 年 12 月，第 311～317 頁。

〔註18〕王婉甄：《李道純道教思想研究》臺灣花木蘭文化出版社，2008 年 9 月，第 13～第 22 頁。
　　　　白亮：《李道純內丹思想研究》，四川省社會科學院碩士論文，2008 年，第 8～12 頁。
　　　　李大華：《李道純生平事迹與著述考》，載《中國道教》2009 年第 4 期。

〔註19〕楊霞：《李道純中和觀研究 ── 以〈中和集〉爲中心》，湖南師範大學碩士論文，2011 年，第 22～25 頁。

〔註20〕任繼愈主編，中國社會科學出版社，1994 年。

〔註21〕卿希泰主編，東方出版社，1994 年 1 月。

〔註22〕中國道教協會、蘇州道教協會編，華夏出版社，1994 年 6 月。

〔註23〕胡孚琛主編，中國社會科學出版社，1995 年 8 月。

〔註24〕朱越利著，華夏出版社，1996 年 1 月。

　　王沐認爲，李道純係以「中和」立教，而非以「眞常」立宗，應放眼大處，不必在「眞常」兩字上多費工夫，以致混淆體用界線，忽略其創新精神實質。〔註25〕

　　王婉甄認爲，李道純所指涉的「中」即本來清淨之本體眞性，他以「中」字貫通未發與已發，作爲契應萬物變化的主要樞紐，其中，將求中作爲靜定時的工夫，求和作爲應物感物時的要求。還認爲，李道純對「中和」觀念的詮解在邏輯上與朱熹「中和舊說」較爲相合，同樣以心之虛通靈妙貫串已發未發，並主張從心上著工夫；但朱熹的工夫修養多包涵道德意識，而李道純則多以實用爲功，落實於內丹修煉，把「中」作爲「玄關」。〔註26〕

　　陳進國對「中和」這一範疇的發展史做了簡要的回顧，介紹了李翺、二程、南劍三先生、朱熹等儒家學者的中和說。指出李道純有關「中和」問題的探討，既與宋儒的相關論點有重合之處，又有其自己的特色。宋儒之中和說主要是以儒家的學說爲參照而發揮的，未發之「中」體基本是指一瑩然無私、廓然大公的道德本體或本心，比如朱熹就以「敬」字工夫來貫通未發、已發；李道純的中和觀則企圖融會貫通儒釋道三教的基本理念，主張以「中」來統攝未發、已發，重視未發時的靜定工夫，所謂「中」的基本含義是種澄澈無念、超越善惡是非的本然境界，是虛靈而靜覺的本然之體。〔註27〕

　　蕭進銘在回顧儒、道兩家「中論」及「中和」說的基礎之上，深入剖析了李道純之「中論」，並對儒、道兩家的中論作了比較：儒道同時將「中」視爲生命及宇宙的形上根源，是一切身心活動的根本基礎，藉由對「中」的回歸及開顯，將可使生命獲得絕對的眞實及意義；但道教對於「中」的認識，較偏向於宇宙論、存有論，其圍繞「身體之中」的觀念而進行的修持以及性命雙修的思維方式，都爲儒家所無，儒家則較偏向於倫理學、道德形上學。〔註28〕

　　岑孝清提出了「三中和之道」（道教的「陰陽中和之道」、儒家的「大中

〔註25〕王沐：《李道純之道統及其它》，原載《船山學報》，1986年第2期；後收入王沐著《內丹養生功法指要》，東方出版社，1990年5月，第24～26頁。

〔註26〕王婉甄：《李道純道教思想研究》，臺灣淡江大學碩士論文，1999年。花木蘭文化出版社，2008年9月，第74～79頁。

〔註27〕陳進國：《李道純的「三教融合」思想及其以「中和」爲本的內丹心性學》，載《中國道教》2001年第5期，第10～12頁。

〔註28〕肖進銘：《道教內丹與儒家「中論」的比較──以李道純爲核心的探討》，載《第十屆儒佛會通暨文化哲學學術研討會論文集》，2007年3月。

中和之道」與佛教的「因緣中和之道」）與「三中和形態」（佛教的「空性中和思想形態」、儒家的「理性中和思想形態」、道教的「虛性中和思想形態」）的假說。〔註29〕還提出了道教中和思想的三個階段說，即元代李道純「虛和天下」之中和思想創建階段，明代張宇初「心和天下」之中和思想發展階段，清代劉一明「氣和天下」之中和思想新啟蒙階段。〔註30〕

丁孝明把道學中之「中」字歸結爲四種含義：從體用上講，「中」即爲「虛」；從事物之相的變化上講，「中」即爲「度」；從事物之德性規律上講，「中」即爲「正」；從時機上講，「中」即爲「機」。〔註31〕

李大華認爲，李道純不是在一般的文化意義上拿「中」字來會通佛儒道三家的，而是從修煉的具體實踐中體察出這個道理的。以「中」來說「玄關」，就既意味著它不落於具體，又肯定了它就存在於人的身體之中。〔註32〕

孫功進認爲，李道純以「中」統攝內丹心性論、內丹修煉論和「玄關一竅」，但「中派」的劃分僅出於分類丹法的需要，在學理上並不具有實質的意義。〔註33〕

楊霞從李道純的道體、道用合於內丹修煉的角度，對其中和觀進行了概括：1、以眞常爲道體，以陰陽、動靜爲規律，形成以「虛靜」爲道性本質的眞常之道；2、提出以心易爲核心的三易說，形成以「通變」爲核心的心易法則；3、守中以致和的內丹理法思想。〔註34〕

三、本體論研究

本體論是李道純「中和」思想的形而上根據，故歷來爲研究者所重視。

卿希泰、詹石窗把李道純的本體論歸結爲《道德會元》中作爲「道」的代名詞的「眞常」二字，他們還把「眞常」的特性概括爲不可言狀、永恒不

〔註29〕岑孝清：《李道純中和思想及其丹道闡眞》，宗教文化出版社，2010 年 3 月，第 234～289 頁。

〔註30〕岑孝清：《李道純中和思想及其丹道闡眞》，宗教文化出版社，2010 年 3 月，第 52～123 頁。

〔註31〕丁孝明：《李道純丹道思想的理論與特色》，載臺灣《成大宗教與文化學報》第 13 期，2009 年 12 月。

〔註32〕李大華：《李道純學案》，齊魯書社，2010 年 1 月，第 21 頁。

〔註33〕孫功進：《李道純內丹「中」論思想探析》，載《東嶽論叢》，2010 年第 7 期。

〔註34〕楊霞：《李道純中和觀研究 —— 以〈中和集〉爲中心》，湖南師範大學碩士論文，2011 年，第 25～28 頁。

變、運行有則、順應中和、虛靜無爲五個方面；認爲比起過去的「老學」來，「眞常」這一概念顯得更抽象、概括，更富有思辨特色，從不斷逆推的運動中擺脫出來，求其虛靜恒久。〔註35〕

呂錫琛認爲，與王弼對於「道」的抽象思辨相比，李道純對於「道」的論述是建立在抽象思辨與修煉實踐相結合之基礎上的，故其影響和意義皆高於王弼。〔註36〕

陳進國認爲，李道純的理論特色在於試圖將「眞常」等同《易經》中的「不易」或「常易」概念，並與周敦頤、朱熹等宋代著名理學家所闡發的「太極」概念等相貫通爲一。李道純還將無差別的道體、易體、太極之體歸結爲「無一」。〔註37〕

岑孝清認爲，李道純的本體論蘊含有「虛靜通和」的獨特精神。虛，反映的是宇宙的整體性；靜，反映的是宇宙的混沌性；通，反映的是宇宙整體的聯繫性；和，反映的是宇宙整體的有序和諧性。〔註38〕

四、辯證思維研究

李道純的著作中蘊含著豐富的辯證思維。這些辯證思維，是與其「中和」思想中的體用概念聯繫在一起的。

王沐認爲道純「觀復知化」一語中的「復」、「化」爲道之用，其特徵是爲變爲易，是由靜生動之過程，不能與道之體相混淆；又把《中和集》中的「無一歌」當作常中之變，把「抱一歌」作爲變中之常。〔註39〕

詹石窗認爲，李道純論易強調「知常」與「通變」的對立統一，也就是說，一方面即易之用而明易之體，另一方面以心中之易體而盡易之用；並以「體用」這一對易學範疇爲槓杆，展示了動靜、消息、屈伸的相互關係。他還認爲，清庵所言「陰錯陽而陽錯陰」揭示了宇宙演化過程中兩種動力的交

〔註35〕卿希泰、詹石窗：《李道純「老學」淺析》，載《船山學報》，1986年第1期，第111～117頁。

〔註36〕胡孚琛、呂錫琛著：《道學通論》，社會科學文獻出版社，1999年1月，第243～244頁。

〔註37〕陳進國：《李道純的「三教融合」思想及其以「中和」爲本的內丹心性學》，載《中國道教》2001年第5期，第12～13頁。

〔註38〕岑孝清：《李道純中和思想及其丹道闡眞》，宗教文化出版社，2010年3月，第52～123頁。

〔註39〕王沐著：《內丹養生功法指要》，東方出版社，1990年5月，第25～26頁。

互作用，體現了「中和」的理趣。﹝註40﹞

　　呂錫琛認為，李道純的動靜相互轉化、相互含攝的思想來自於《老子》的「致虛極、守靜篤，萬物並作，吾以觀復」（靜極而動）和「夫物芸芸，各復歸其根，歸根曰靜，是謂覆命」（動極而復靜），並明顯地受到了周敦頤《通書・動靜》的影響。﹝註41﹞呂教授還認為，王夫之的「靜即含動，動不捨靜」的論點與李道純靜中含動、動中含靜的思想十分相似；並由二人在動靜觀這一修煉宗旨上的一致性，判斷船山丹法很可能與李道純的中派丹法有密切聯繫。﹝註42﹞

五、心性論研究

　　李道純的心性論是為其內丹性功修養服務的，本應作為其內丹學的有機組成部份，但出於現代學科分類的需要，學者們往往將其列為單獨的考察對象。李道純心性論的特色在於以「中」、「和」來分別闡述心之體與心之用。

　　張廣保以李道純的《中和集》為主要文獻，對元代江南全真道內丹心性學的核心概念、範疇──心、性、神、虛，進行了梳理和分析。在「心」的部份中，他認為元代全真道吸收了理學道心、人心這種二分一體的思維架構，既把前者與後者做了區分，又把前者寓於後者之中；並指出二者的區別在於動靜之分，而不是理學理欲的差別；還分別探討了本心即道、心與神的關係、心神性的關係、心情意的關係以及身與心的關係。在「性」的部份中，他分別探討了真性與識性、性與命、性與情的關係。在「神」的部份中，他分別探討了元神與思慮神、元神與氣（精）的關係。在「虛」的部份中，他提出了「虛體」的概念，並闡述了虛與空的關係。﹝註43﹞

　　王婉甄認為，李道純是在成就內丹這個主題下建構其心性理論的，主要目的是以此作為內丹修煉的基礎。﹝註44﹞他在心性理論上的最大發展便在於，融

﹝註40﹞詹石窗：《李道純易學思想考論》，載陳鼓應主編《道家文化研究》第十一輯：道教易專號，三聯書店，1997年10月，第302～308頁。

﹝註41﹞呂錫琛：《李道純的心性論及其與湘學的聯繫》，載《湘學》雜誌第四輯，湖南人民出版社，2007年3月，第473頁。

﹝註42﹞呂錫琛：《李道純綜合南北的心性修煉理論與實踐》，載《道家道教與湖南》，嶽麓書社，2000年9月出版，第96頁。

﹝註43﹞張廣保著：《金元全真道內丹心性學》，三聯書店，1995年4月，第156～179頁。

﹝註44﹞王婉甄：《李道純道教思想研究》，臺灣淡江大學碩士論文，1999年。花木蘭

攝理學家對人心、道心二分的立論架構，將原來全眞道欲念蒙蔽與否的眞心與
塵心，翻轉爲以動靜與否作爲界定的人心妄心與道心照心，這是爲了與性功修
持相互配合呼應，以便開出「常滅妄心，不滅照心」的靜定工夫。〔註45〕

六、內丹學研究

　　除了對心性論的考察，有些研究者還傾向於從整體上研究李道純的內丹
學，包括其內丹命功理論。李道純是內丹中派（又稱「先天派」）的創始人。
在白雲觀收藏的《諸眞宗派總簿》中，記有李清庵創立的「先天派」。〔註46〕

　　陳攖寧認爲，李道純創立的天元丹法，證明「先天一炁，從虛無中來」
之語，決非欺人者。〔註47〕蕭天石將《中和集》各卷中闡述內煉要旨的地方
一一舉出，以方便參學者咀嚼。〔註48〕

　　王沐認爲，道純雖祖述張伯端丹論，但主張先性後命；又主張漸法、頓
法二途，既與南宗相異，而與北宗亦不相同。〔註49〕卿希泰主編的《中國道
教史》認爲，道純堅持性命雙修，不失南宗本色，主張先性後命，則是吸取
全眞丹法的結果。〔註50〕任繼愈主編的《中國道教史》則將李道純的內丹修
煉程序歸結爲：由命而性，由性再到命，往復循環。〔註51〕

　　王家祐認爲：李道純丹法中的最上一乘以性兼命的頓法，是建築在全眞
家性主命從、眞性爲體的學說之上。〔註52〕所謂煉就金丹，即修煉性命復歸
於道或太極。在南宗看來，這個道或太極爲元氣，或稱「先天祖炁」；北宗主

　　　　文化出版社，2008年9月，第68頁。
〔註45〕王婉甄：《李道純道教思想研究》，臺灣淡江大學碩士論文，1999年。花木蘭
　　　　文化出版社，2008年9月，第57～60頁。
〔註46〕李養正編著：《新編北京白雲觀志》，宗教文化出版社，2003年1月，第435
　　　　頁。
〔註47〕陳攖寧著：《道教與養生》，華文出版社，2000年3月第2版，第461頁。
〔註48〕蕭天石主編：《道藏精華》第二卷之二，《重刊〈中和集〉例言》，臺灣自由出
　　　　版社，2000年10月。
〔註49〕王沐：《李道純之道統及其它》，原載《船山學報》，1986年第2期；後收入王
　　　　沐著：《內丹養生功法指要》，東方出版社，1990年5月，第23～26頁。
〔註50〕卿希泰主編《中國道教史》修訂本，四川人民出版社，1996年12月，第367
　　　　頁。
〔註51〕任繼愈主編：《中國道教史》增訂本，中國社會科學出版社，2001年9月，第
　　　　722頁。
〔註52〕王家祐：《論李道純的內丹學說》，載《道教論稿》，巴蜀書社，1987年，第
　　　　295頁。

流卻轉向以眞性爲丹本，這種超出生死、建立在主客觀唯心主義融合基礎之上的眞性本體論，比舊道教的長生不死說在邏輯上確實更爲精緻，是道釋合一的產物；作爲南宗傳人，李道純卻以北宗的眞性木體論作爲其內煉學說的中心大旨。〔註53〕不僅如此，清庵還根據全眞家先性後命的內煉原則，把傳統道教煉養方術總結爲九品丹法之說。〔註54〕

　　王家祐還認爲：李道純還使理學的宇宙生成論和道教的內丹學相結合，把順則生人生物的法則與逆則成丹成仙的規律統一起來。李氏的這種內丹學說，其實仍然是以陳摶《無極圖》丹法爲核心。李道純還一反道門之全用龍虎鉛汞之「喻體假用」的旨趣，以卦理釋內丹，被後人視爲教外別傳。〔註55〕

　　呂錫琛把李道純的內丹學對道教生命哲學的總結性發展歸納爲四個方面：1、強調了內丹學的特點乃在於內在生命修煉；2、明確地闡述了神氣、身心、性命諸對概念的聯繫；3、重視心性道德修養在命功修煉中的作用；4、在身心修煉的方法和次第上，李道純強調因人而異。〔註56〕

　　王婉甄循蕭天石先生之煉心訣要，將李道純煉心功法按收放心、息妄心、淨凡心、顯空心進行了梳理；又依李道純《登眞捷徑》中的說法，敘述了內丹煉養的九個步驟；還認爲李道純的頓漸功法，全是在身心上作工夫，而保身心之要無出乎動與靜；最後把李道純性命雙修功法中最重要之關鍵歸結爲見「玄關」。〔註57〕

　　鄺國強認爲，李氏言「漸、頓二法」，是借用禪宗的名相，以暗示佛道兩教在修行與煉養上義理相同；尤其是「最上一乘」的煉養法則與禪宗的頓悟法則非常相似，其實是源於王重陽的內丹心法之《五篇靈文·溫養章第五》。〔註58〕

〔註53〕王家祐：《論李道純的內丹學說》，載《道教論稿》，巴蜀書社，1987年，第283頁。

〔註54〕王家祐：《論李道純的內丹學說》，載《道教論稿》，巴蜀書社，1987年，第297頁。

〔註55〕王家祐：《論李道純的內丹學說》，載《道教論稿》，巴蜀書社，1987年，第283～285頁。

〔註56〕胡孚琛、呂錫琛著：《道學通論》，社會科學文獻出版社，1999年1月，第247～248頁。

〔註57〕王婉甄：《李道純道教思想研究》，臺灣淡江大學碩士論文，1999年。花木蘭文化出版社，2008年9月，第83～111頁。

〔註58〕鄺國強：《李道純三教同玄論思想探析》，載陳鼓應、馮達文主編《道家與道教：第二國際學術研討會論文集》，廣東人民出版社，2001年9月，第452～

　　陳進國認為，李道純體中達中的工夫實際就是修性達命的工夫，體中達中的最高境界其實就是性命兼達、圓頓混成的境界；在李道純的性命雙修法門中，玄關是本體（即「中體」、「虛體」），見得玄關是工夫（即「致中和」的工夫、「煉虛」的工夫），玄關之體與玄關之用是貫通為一的。〔註59〕

　　蕭進銘把「中」或「玄牝」作為李道純內丹思想的起始與終點，並對李道純所論述的修丹之初下手處、開啟玄關之法、修煉玄關的完整過程以及「玄關經驗」作出了歸納。〔註60〕

　　白亮對李道純內丹學的基本理論和丹法進行了討論：在基本理論部份，分別探討了李道純的人道與丹道觀、性命論、藥物論、鼎器論和火候論；在丹法部份，除了對九品丹法論和頓漸四乘的介紹以外，還對李道純著作中的金丹術語進行了彙集。〔註61〕另外，還歸納出李道純內丹思想的六個特點，論述了李道純內丹思想對於後世的影響。〔註62〕

　　孫功進對李道純內丹思想作出了總結：在形式上，以易老為丹道立基，融儒禪於丹道煉養，彙南北成一家之言。〔註63〕在內容上，較好地解決了三個理論問題，即「性命」與「道」之關係的丹道本體論、「性命」與「身心」之關係的丹道修煉論以及「先性後命」、「性命雙全」的丹道境界論。〔註64〕

　　岑孝清把從魏伯陽至李道純的丹道理法論形態概括為「兩階段四形態」，即形神丹道理法論形態階段（包括參同契理法論形態與金丹道理法論形態）、性命丹道理法論形態階段（包括性命理法論形態與中和性命理法論形態）；認為李道純「守中致和」的丹道理法論突顯身與心、情與性等人身要素。〔註65〕

---

　　　　453 頁。

〔註59〕陳進國：《李道純的「三教融合」思想及其以「中和」為本的內丹心性學》，載《中國道教》2001 年第 5 期，第 12～13 頁。

〔註60〕肖進銘：《道教內丹與儒家「中論」的比較──以李道純為核心的探討》，載《第十屆儒佛會通暨文化哲學學術研討會論文集》，2007 年 3 月。

〔註61〕白亮：《李道純內丹思想研究》，四川省社會科學院碩士論文，2008 年，第 13～38 頁。

〔註62〕白亮：《李道純內丹思想研究》，四川省社會科學院碩士論文，2008 年，第 48～51 頁。

〔註63〕孫功進：《李道純內丹思想的特色》，載《聊城大學學報（社會科學版）》，2009 年第 1 期。

〔註64〕孫功進：《李道純內丹性命思想探析》，載《集美大學學報（哲學社會科學版）》，2009 年第 3 期。

〔註65〕岑孝清：《李道純中和思想及其丹道闡真》，宗教文化出版社，2010 年 3 月，

　　盛克琦對李道純的「玄關」理論進行了歸納：1、「玄關」非身體某個穴位，惟以修煉之士躬身自證才能得見「玄關」；2、在丹道修煉中，步步離不開「玄關」，將「玄關」稱之爲「中」，運用儒家思想闡述道家「守中」工夫；3、「玄關」有體有用，靜是「玄關」之體，動是「玄關」之用；4、「玄關」須從「念頭起處」尋覓；5、「玄關」是人體動力之源頭、啓動之關鍵；6、「玄關」是溝通天人消息的大門，是打通人體與虛空的隧道。〔註66〕

　　丁孝明對李道純「最上一乘」丹道思想的精義進行了梳理。認爲道純師承雖屬南宗，但其玄關鼎器論宗旨爲靜定修性，明顯受到北宗丹法之影響，而沒有承襲南宗身體內定位的鼎器思想。還闡述了道純就身心關係而言修煉的意義。〔註67〕

　　李大華提出了自己對於李道純在丹功上綜合南北二宗做法的理解 —— 即不破壞南宗的傳統，依然堅持煉精化氣、煉氣化神、煉神還虛的三個層次，只把初煉性功作爲了煉精化氣的起始。〔註68〕還認爲，李道純主張在修煉中遵循身中的時間，身中「一陽生」或者說「一陽來復」的時刻，就是子時。〔註69〕

七、老學與易學研究

　　老學與易學是李道純思想的兩個重要來源，也是他藉以闡述其「中和」理論的重要方式。

　　王沐認爲，李道純的主要觀點發揮在《中和集》、《瑩蟾子語錄》兩書中；《道德會元》僅是校正字句並略示理論之著作，故只有與其它著作合參，才能探討其奧義。〔註70〕

　　劉固盛認爲，李道純所著的《道德會元》是融會禪宗心性之學的作品。從形式上看，借助禪宗獨特的悟道方式以明道德之旨；從內容上看，把禪宗

　　　　第 179～233 頁。
〔註66〕盛克琦、果兆輝點校：《中和正脈 —— 道教中派李道純內丹修煉秘籍》，宗教文化出版社，2009 年 8 月，前言第 4～6 頁。
〔註67〕丁孝明：《李道純丹道思想的理論與特色》，載臺灣《成大宗教與文化學報》第 13 期，2009 年 12 月。
〔註68〕李大華：《李道純學案》，齊魯書社，2010 年 1 月，第 18 頁。
〔註69〕李大華：《李道純學案》，齊魯書社，2010 年 1 月，第 25～26 頁。
〔註70〕王沐：《李道純之道統及其它》，原載《船山學報》，1986 年第 2 期；後收入王沐著：《內丹養生功法指要》，東方出版社，1990 年 5 月，第 24 頁。

心性之說與《老子》之道論相貫通。〔註71〕

　　詹石窗則突出了易學在李道純心性學理論建構中的運用，並把道純論《易》立說的總綱歸結爲「中和」二字；認爲道純的本旨在於教人從「可象」及「變易」之中感悟「常易」與「大象」，從而把握虛靜之旨，這實際上是「中和論」精神的集中表現。〔註72〕

　　蔣朝君把李道純易學思維旨趣在修性方面的滲透歸納爲三個方面：借用「太極」這一概念作爲人的先天之性所要通達的境界；借用《周易》中的動與靜化生萬物的模式到煉性的靜定工夫中來；以中觀易，把「中和」放於易學的理論思維框架裏面來闡釋。〔註73〕

　　章偉文把李道純的易學思想概括爲「道本至無，易在其中」、「易象乃道之原，常變乃易之原」，以及「聖人爲聖，用易而已；用易之成，虛靜而已」等三個方面。〔註74〕

　　孫功進把李道純的丹道易學總結爲三個方面：1、常易與變易確立起體用兼備的易學思想框架；2、對卦爻象的運用使內丹藥物與火候的眞正含義得到了詳盡闡釋；3、三家相見的內丹修煉論使得魏伯陽以來的三五與一思想有了清晰完整的理論形態。〔註75〕

　　岑孝清認爲，李道純的心易學說蘊含著「神通致和」的精神，既可以糾正丹道心性化的虛寂方向，也可以化宇宙整體的生生不息之性爲人與道玄同的心靈境界。〔註76〕

　　張裕認爲，李道純看起來似乎蕪雜的道教思想，大抵都根基於《易》、《老》。他之所以能以雜糅《易》、《老》，關鍵就在於以內丹煉養理解二書，取二書言論用爲內丹煉養。〔註77〕

〔註71〕劉固盛：《宋元老學研究》，巴蜀書社，2001年9月，第198頁。

〔註72〕詹石窗：《李道純易學思想考論》，載陳鼓應主編《道家文化研究》第十一輯：道教易專號，三聯書店，1997年10月，第297～304頁。

〔註73〕蔣朝君：《李道純易學旨趣探微》，載《第三屆海峽兩岸青年易學論文發表會論文集》，2001年11月。

〔註74〕章偉文著：《宋元道教易學初探》，巴蜀書社，2005年12月，335～375頁。

〔註75〕孫功進：《李道純丹道易學思想淺探》，載《周易研究》，2009年第2期。

〔註76〕岑孝清：《李道純中和思想及其丹道闡眞》，宗教文化出版社，2010年3月，第124～178頁。

〔註77〕王卡主編：《道教三百題》《李道純怎樣雜糅〈易老〉？》（此部份爲張裕主筆），上海古籍出版社，2000年12月，第583頁。

八、三教同玄思想研究

三教同玄是李道純思想的理論特色之一。清庵認爲「中」是貫通三教的核心概念。

申喜萍把李道純對理學的吸收歸納爲三個方面：1、對人心、道心做了區分，以人心爲動，以道心爲靜；2、以「寂然不動」爲中之體，「感而遂通」爲中之用，把求「中」作爲靜時工夫，求「和」作爲動時工夫；3、借助《周易》卦、爻，闡明內煉火候。〔註78〕

王婉甄將李道純著作中並舉儒、釋、道三教理論的段落句子繪製成表，並將李道純融通儒釋的思想內容概括爲理學「無極而太極」之宇宙論模式，佛教「明心見性」之心性修爲，臨濟禪棒喝行令、公案參究之教學法式三個方面。〔註79〕

鄺國強認爲：李道純賴以建立三教同玄理論的思想基礎反映在《全眞集玄秘要·太極圖解》、《道德會元》、《三天易髓·心經直解》等三部著作之中，而其三教同玄理論基礎的關鍵詞是「虛靜之道」；在其經論注釋或解讀中，李氏多用三教義理解釋，企圖調和三教理論，使其融會貫通。還把李道純三教合一的成就歸結爲三個方面：1、在教義教理上，全眞道三教歸一思想要晚至李道純才眞正獲得實現；2、李道純融會儒釋道三教經論義理，最後將三教義理歸結爲太極之道；3、李道純的三教同玄論，不但是全眞教圓教的基礎，也是道教普及化的根源，並影響了明清以後民間宗教的發展。〔註80〕

陳進國認爲：李道純從「無一」這一無任何規定的抽象中找到了三教合一的理論基點，並用它來涵攝儒、釋、道之修養論所能共通的一種理想境界或終極目標。這裡的「無一」既是對本根之道的抽象，又兼指絕對虛無的認知境界，而後一層內涵才是李道純思想的核心之所在。即李道純乃是從「眞常之道」的主觀境界形態意義上找到對三教進行有機融合的路徑的。至於道純將三教義理統歸於「虛體」，則無疑是過於牽強的，有站在道教的立場上消

〔註78〕 申喜萍：《李道純的三教合一思想研究》，載《宗教學研究》1998 年第 4 期，第 115～117 頁。

〔註79〕 王婉甄：《李道純道教思想研究》，臺灣淡江大學碩士論文，1999 年。花木蘭文化出版社，2008 年 9 月，第 39～47 頁。

〔註80〕 鄺國強：《李道純三教同玄論思想探析》，載陳鼓應、馮達文主編《道家與道教：第二國際學術研討會論文集》，廣東人民出版社，2001 年 9 月，第 448～449 頁，第 454～458 頁。

融儒釋義理之嫌。〔註81〕

　　白亮討論了李道純在援儒和援佛方面所作的努力，認爲李道純貫通三教的落足點在於統歸「中和」。〔註82〕

　　岑孝清認爲，李道純關於三教思想關係的根本命題是「虛和三教」，而其中蘊含著「通變致和」的文化精神。〔註83〕

　　李大華認爲，李道純以「○」來表示三教本體形而上的認同；以「中」來作爲三教各自在生命修煉中的體認。〔註84〕

九、與其它學派或思想家的比較研究

　　李道純一方面融攝儒釋、道兼南北，另一方面又與儒釋的學說有所不同。即使是同爲中派的代表人物，李道純的學說也與黃元吉、閔小艮有所區別。

　　王婉甄對李道純學說與儒、禪義理的同異作了歸納：所同者，三教皆由主體本心的肯認與實踐作爲主要趨向；所異者，三教所欲體證的境界是不相同的，儒家天道是包含有倫理規範之意識，禪宗所體現的是精神解脫的涅槃「空」境界，李道純所體現的天道本質是「虛」。比如，周敦頤的《太極圖說》是從自身生命出發契應天道之流行變化，蘊含有道德內容；而李道純從人的虛靜狀態體現天的無爲湛然，只是一種境界的表現。〔註85〕

　　王婉甄還對李道純的「主靜」與程、朱的「主敬」及象山的「先立其大」進行了比較：其同者，從義理架構而言，三者同樣以自我生命作爲修養的主體，同時體現中國哲學「性命與天道相貫通」的實踐理路；其異者，李道純從天道下貫的是一種湛然空寂的境界，理學家則是以心之敬謹修養體悟天道道德仁義之內容。〔註86〕

〔註81〕陳進國：《李道純的「三教融合」思想及其以「中和」爲本的內丹心性學》，載《中國道教》2001 年第 5 期，第 9～10 頁。

〔註82〕白亮：《李道純內丹思想研究》，四川省社會科學院碩士論文，2008 年，第 39～47 頁。

〔註83〕岑孝清：《李道純中和思想及其丹道闡眞》，宗教文化出版社，2010 年 3 月，第 234～289 頁。

〔註84〕李大華：《李道純學案》，齊魯書社，2010 年 1 月，第 41～48 頁。

〔註85〕王婉甄：《李道純道教思想研究》，臺灣淡江大學碩士論文，1999 年。花木蘭文化出版社，2008 年 9 月，第 48～52 頁。

〔註86〕王婉甄：《李道純道教思想研究》，臺灣淡江大學碩士論文，1999 年。花木蘭文化出版社，2008 年 9 月，第 60～65 頁。

就工夫論而言，王婉甄認為，同樣是「頓悟」，禪宗主張無論資質優劣都可以頓悟成佛；李道純則是依學道之人根器資質之優劣，並舉漸法三乘與頓法最上一乘。〔註87〕

楊柱才對朱熹和李道純所分別注解的《太極圖說》進行了比較，指出他們對於「無極而太極」、「動靜陰陽」、「二氣五行」、「萬物化生」、「主靜立人極」、「原始反終」理解的異同；認為朱子以作為宇宙生成論的理氣關係和作為人生論的性氣關係兩大觀念來作解釋，而李道純雖然也講宇宙生成論的內容，但主要是基於修養論立說。〔註88〕

張興發比較了同為中派丹法代表人物的李道純與黃元吉，在築基、煉精化炁、煉炁化神、煉神還虛、煉虛合道各個階段內煉方法上的不同。〔註89〕

孫功進認為，中派三位代表人物所論之「中」各不相同：黃元吉所說的「中」包括「有形之中」和「無形之中」，而李道純是反對守「有形之中」的；閔小艮提出「中黃直透」之術，其「中黃」是指實體性的竅位，而李道純所說的「中黃」是指「身心意三家」中的意，且李與黃元吉都並未論及「中黃直透」工夫。〔註90〕

楊霞著重探討了明清時期的道士張宇初、王道淵、何道全、閔一得、黃元吉等人對李道純中和思想的傳承。〔註91〕

十、教育思想研究

李道純開堂講經，廣收弟子，所採用的教育方法非常有特色。有學者對李道純的教育思想和教育哲學作出了研究。

鄧紅蕾把李道純的教育思想歸結為四個方面：誘喻——暗示式的教育方法，修煉全真的教育途徑，「真常之道，悟者自得」的教育目的，以及中正無

〔註87〕 王婉甄：《李道純道教思想研究》，臺灣淡江大學碩士論文，1999年。花木蘭文化出版社，2008年9月，第73頁。

〔註88〕 楊柱才：《周敦頤〈太極圖說〉儒道解之比較研究》，載《南昌大學學報（人文社會科學版）》2001年1期。

〔註89〕 張興發著：《道教內丹修煉》，宗教文化出版社，2003年10月。

〔註90〕 孫功進：《李道純內丹「中」論思想探析》，載《東嶽論叢》，2010年第7期，第132頁。

〔註91〕 楊霞：《李道純中和觀研究——以〈中和集〉為中心》，湖南師範大學碩士論文，2011年，第58～66頁。

偏的教育原則。〔註92〕

　　暢紅琴從四個方面闡述了李道純的教育哲學思想：1、人人都有道性的人性學說與教育對象的眾生化；2、道本虛無的宇宙觀與「守中致和」為核心的教育目標；3、心即是道，道即是心的心性學說與虛靜無欲的教育原則；4、時中變通的教育方法。還對其心性教育哲學作出了評價：1、雖然充分顯示了人的主體精神、主觀世界的普遍有效性，但缺乏合理的相對性；2、雖然這種心的內向性特徵有利於人的精神理想追求，但是也導致了封閉主義。〔註93〕

十一、其它方面研究

　　有學者對李道純的美學思想進行了研究，有學者對他的生死觀進行了剖析，有學者對他的太極思想進行了梳理，還有學者試圖從現代性的角度對李道純的思想進行借鑒。

　　申喜萍從三個方面闡述李道純的美學思想，即力倡中和之美、道的審美特徵以及超越精神；把道的審美特性歸結為永恆性、無限性和超越性三個方面，認為李道純對「道」所產生的審美體驗，是其努力向無限的「道」靠攏而產生的崇高感；還認為對於典籍，李道純倡導一種整體悟入的審美接受方法。〔註94〕

　　李大華認為，李道純的生死觀受到老子與莊子的影響，一方面把生死看成「有生就有死」的相因相果的關係，一方面主張忘身、忘我、忘生死，對生死採取一種達觀的、快樂的態度；還認為李道純受全真道的影響，把修煉的結果看作與道合一，這其實是在精神長存的意義上超越生死。〔註95〕

　　李似珍對李道純的太極思想進行了分析，認為李道純將周敦頤的「太極圖」置於天道觀念的解釋之中，而將陳摶之圖運用於對內丹本身的理解之中。李道純在解釋「太極圖」的宇宙生成論時，引入了虛和氣的概念；為解決道氣之間的連接問題，採取了「體用」關係的說法。瑩蟾子之所以花大量篇幅描述「太極圖」、解釋「太極」含義，是因為只有體悟天理自然，才能奉順天

〔註92〕鄧紅蕾：《李道純「眞常之道，悟者自得」的道教教育思想探微》，載李裕民主編《道教文化研究》第一輯，書目文獻出版社，1995年9月，第334～352頁。

〔註93〕暢紅琴：《李道純的教育哲學思想》，載《教育史研究》，2005年第1期。

〔註94〕申喜萍：《試析李道純的美學思想》，載《宗教學研究》，2003年第3期。

〔註95〕李大華：《李道純學案》，齊魯書社，2010年1月，第26～41頁。

時，而體悟天道、貫通天人的渠道，則是「感通」。〔註96〕

金白鉉（韓國）認為，老莊思想儘管與後現代主義之間有很多類似性，但也有明顯的不同，即老莊玄理的精髓在於通過實踐性的「為道」工夫論而體認無為自然之道。李道純也重視實踐性的「為道」工夫論，他兼說了向內中內的虛靜工夫論與向內中外的氣化工夫論。通過對西方的後現代主義與東方的道家、道教哲學的妙合，可以開創21世紀的新道學。在此進程中，李道純的妙合思想具有很大的參考價值。〔註97〕

十二、學位論文與專著的綜合研究

隨著對李道純思想的研究在廣度和深度兩方面的開拓，自20世紀末開始，出現了對李道純思想進行綜合研究的趨勢。在短短十幾年時間裏，總共有7項研究成果問世，其中包括1部人物學案、1篇博士論文、5篇碩士論文。

王婉甄的碩士論文《李道純道教思想研究》，是第一篇綜合研究李道純思想的學位論文。該論文從李道純生平事略、著作解題以及道派法系的外環問題，逐漸掌握李道純思想概略，提出「三教合一」之思想基礎。再由三教合一的理論歸趨中，提煉出「心性問題」作為論述重點，進而切入道教思想的核心理論 —— 性命雙修。〔註98〕

孫功進在其碩士論文《李道純丹道哲學淺探》中，以本體論、修煉論、方法論來概括李道純的思想：在本體論上，用老子的「有無」來解釋「性命」，把「性命」整合在「道」這個道教的最高範疇之內；在修煉論上，以「身心」統修煉，不僅用「身心」來解釋丹道術語，也用「身心」來論說修道過程；在方法論上，強調「守中」，並用「中」來解釋丹道的重要概念「玄關一竅」。〔註99〕

張學菲的碩士論文《瑩蟾子李道純研究》，詳細介紹了李道純的生平、著

〔註96〕李似珍：《李道純「太極」解的天道觀意蘊》，載《茅山乾元觀與江南全真道國際學術研討會論文匯編》，江蘇金壇，2012年10月，第565～575頁。

〔註97〕金白鉉：《後現代主義與老莊以及李道純的道》，載《茅山乾元觀與江南全真道國際學術研討會論文匯編》，江蘇金壇，2012年10月，第424～433頁。

〔註98〕王婉甄：《李道純道教思想研究》，臺灣淡江大學碩士論文，1999年。花木蘭文化出版社，2008年9月。

〔註99〕孫功進：《李道純丹道哲學淺探》，山東大學碩士論文，2004年。

述及其思想淵源，系統地論述了其性命雙修、先性後命的內丹心性思想，中和與虛靜學說及其三教合一思想。〔註100〕

　　白亮的碩士論文《李道純內丹思想研究》，介紹了李道純思想形成的歷史背景，概括了李道純每部著作的大體結構和內容，論述了李道純內丹學的基本理論和丹法，討論了李道純三教合一思想，總結了李道純內丹思想的特點和影響。〔註101〕

　　岑孝清在其博士論文基礎上修改而成的專著《李道純中和思想及其丹道闡眞》，是迄今爲止篇幅最大的李道純思想研究成果。該書最大的特色在於吸收了民族宗教學的最新成果，把李道純的思想提升到中華民族多元通和宗教文化進程的大背景中加以考察。提出「四論」——虛靜通和的宇宙論、神通致和的心易論、守中致和的丹道論、通變致和的三教論，以概括李道純的玄學、易學、丹學和通學。〔註102〕

　　李大華所著的《李道純學案》，主要貢獻在於：一、對李道純的生平資料進行了整理，並在此基礎上對其生平事迹進行了考證。二、提出了對於李道純綜合南北二宗做法的獨特理解。三、分析了李道純對生死的理解與超越。四、分別以「○」和「中」作爲李道純所主張的三教本體形而上認同和生命修煉體認的基礎。〔註103〕

　　楊霞的碩士論文《李道純中和觀研究——以〈中和集〉爲中心》由三部份組成：一、李道純的生平、著述及其中和觀的概述。二、對李道純中和觀圓融特色的研究：從道之體、道之用以及內丹理法三個方面，把李道純中和觀的特色概括爲以「虛靜」爲道性目標的通和觀、以「通變」爲核心法則的達和觀，以「守中」爲內丹本法的致和觀。三、李道純中和觀在明清的傳承。〔註104〕

十三、古籍整理與外文譯介

　　李道純的著作散見於《道藏》中，且沒有標點和注釋，非常不方便閱讀。

〔註100〕張學菲：《瑩蟾子李道純研究》，四川大學碩士論文，2007年。
〔註101〕白亮：《李道純內丹思想研究》，四川省社會科學院碩士論文，2008年。
〔註102〕岑孝清：《李道純中和思想及其丹道闡眞》，宗教文化出版社，2010年3月。
〔註103〕李大華：《李道純學案》，齊魯書社，2010年1月。
〔註104〕楊霞：《李道純中和觀研究——以〈中和集〉爲中心》，湖南師範大學碩士論文，2011年。

近二十年來，先後有 3 種李道純著述的簡體橫排標點本問世，彌補了以前的缺憾：1、徐兆仁主編的《天元丹法》〔註105〕一書，收錄有經過標點的李道純的《中和集》，這是筆者所見到最早的李道純著作的簡體標點本。2、盛克琦、果兆輝點校的《中和正脈 ── 道教中派李道純內丹修煉秘籍》〔註106〕，收錄了除《周易尚占》之外李道純的所有著作，是迄今為止收錄李道純著作最全的點校本。3、張燦輝點校的《李道純集》〔註107〕，收錄了李道純最重要的三篇著作 ──《中和集》、《道德會元》、《清庵瑩蟾子語錄》。

　　對李道純著述的外文譯介，筆者只見到過 Thomas Cleary 翻譯和介紹的《中和集》英譯本。〔註108〕但這部譯著的問世已經大大方便了海外人士研究和瞭解李道純的思想。

〔註105〕中國人民大學出版社，1990 年 10 月。

〔註106〕宗教文化出版社，2009 年 8 月。

〔註107〕嶽麓書社，2010 年 1 月。

〔註108〕The book of balance and harmony（Zhong he ji. English），translated and with an introduction by Thomas Cleary. San Francisco : North Point Press, 1989.

第一章　李道純道學思想的歷史背景

全眞教在元初傳入江南地區。李道純與杜道堅可稱江南全眞道最早的代表人物。清代陳銘珪在《長春道教源流》卷七中說：「元時全眞教已行於江南矣。余希聖、李道純、杜道堅，蓋其著者。考其所學，則以北宗爲主旨，而不雜以南宗，亦篤信之士也。」

李道純，字清庵，號元素，又號瑩蟾子，南宋末元初時人，南宗五祖白玉蟾之再傳弟子，同時又是南宗最早合於全眞道者。他援儒入道，創造性地以儒家「致中和」的思想來闡釋道教的宇宙論、認識論和內丹工夫論，並主張融合三教，會通南北，爲道教史上著名的思想家，也是內丹中派的創始人。

以往學術界對於李道純的研究，主要以研究哲學思想和內丹理論爲主，較少涉及歷史背景的考察。即便是對於李道純的生平與學術，考察的也很少。筆者以爲，一個人思想的形成，是與他的歷經和所生活的時代背景分不開的。故筆者下了很大工夫考察李道純的生平及其生活的時代背景。

第一節　李道純的生平與學術考略

關於李道純的生平事迹，無論是正史還是《道藏》都語焉不詳，學者也較少研究。只有李大華教授及岑孝清博士對李道純的事迹作出過專門考察。筆者試圖在他們研究的基礎上，借助包括地方志、叢書以及李道純著述在內的各類文獻，大致勾勒出李道純的籍貫、年譜、活動地域、法脈傳承及後世評價。

一、籍貫考辨

在李道純門人蔡志頤編訂的《中和集》篇首，題有「都梁清庵瑩蟾子李道純元素撰」字樣：在李道純親自撰寫的《道德會元・序》的落款處，也題有「都梁參學清庵瑩蟾子李道純元素序」的字樣。故李道純爲都梁人，並無疑問。

問題是史籍中有兩處「都梁」：一處爲今天湖南省邵陽市的武岡縣，一處爲今江蘇省淮安市的盱眙縣。對於哪一處「都梁」才是李道純的故里，學者們有不同的意見。卿希泰、詹石窗據清代所修《湖南通志》卷二百四十二而認爲道純爲湖南武岡人。〔註1〕後來的研究者也大多採用此說。但王家祐引《鳳陽府志》卷三十三，把道純列爲盱眙縣道流；〔註2〕潘雨廷也持同樣看法。〔註3〕岑孝清亦斷言李道純爲盱眙縣人。〔註4〕李大華則認爲兩種說法均沒有充足的根據。〔註5〕

那麼，李道純的故里究竟在何處？筆者試根據各種地方志資料及其它史料，作一番考察。

先來看以「都梁」指稱武岡的史料。據北魏酈道元編《水經注》卷三十八記載：「舊傳後漢伐五溪蠻，蠻保此岡，故曰武岡縣，即其稱焉。大溪經建興縣南，又經都梁縣南。漢武帝元朔五年，以封長沙定王，子敬侯遂之邑也。縣西有小山，山上有淳水，既清且淺，其中悉生蘭草，綠葉紫莖，芳風藻川，蘭馨遠馥。俗謂蘭爲都梁，山因以號，縣受名焉。」〔註6〕據唐代李吉甫編《元和郡縣制》卷三十記載：武岡「本漢都梁縣地，屬零陵郡，吳寶鼎元年改爲武岡縣，因武岡爲名。」〔註7〕

再來看位於盱眙之「都梁」的史料。據《資治通鑑》卷二百五十一所附

〔註1〕卿希泰、詹石窗：《李道純「老學」淺析》，載《船山學報》，1986年第1期，第111頁。

〔註2〕王家祐：《論李道純的內丹學說》，載《道教論稿》，巴蜀書社，1987年，第281頁。

〔註3〕潘雨廷：《論李道純及其著作》，載《中國道教》，1994年第2期，第17頁。

〔註4〕岑孝清：《李道純中和思想及其丹道闡眞》，宗教文化出版社，2010年3月，第43～45頁。

〔註5〕李大華：《李道純生平事迹與著述考》，載《中國道教》2009年第4期，第32頁。

〔註6〕《文津閣四庫全書》第191冊，商務印書館，2005年，第258頁。

〔註7〕《文津閣四庫全書》第159冊，商務印書館，2005年，第936頁。

的胡三省的音注記載：「都梁城在泗州盱眙縣北都梁山。項安世曰：都梁縣有小山，山上水極清淺，其山中悉產蘭草，綠葉紫莖，俗謂蘭爲都梁，因以名縣。」〔註8〕

在李道純籍貫問題上的分歧，自清代就已開始。在清代，武岡所隸之寶慶府屬湖南省，盱眙所隸之鳳陽府則先後劃歸江南省、安徽省。筆者查閱了相關的地方志，並檢索了《中國方志庫》〔註9〕，於《（同治）武岡州志》、《（道光）寶慶府志》、《（光緒）湖南通志》以及《（乾隆）盱眙縣志》、《（光緒）鳳陽府志》、《（乾隆）江南通志》、《（光緒）重修安徽通志》，都找到了關於李道純的記載。

在《（同治）武岡州志》卷之四十‧人物志一：「李道純，字元素，號清庵，又自號瑩蟾子。著《中和集》，門人蔡志頤編次成書。」〔註10〕另外，在該書卷三十三、三十五的藝文志中，也收錄有關於李道純及其《中和集》的記載。〔註11〕在《（道光）寶慶府志》的「卷第百一‧藝文略二」和「卷第百十七‧先民傳下」，都直接謂李道純爲武岡人。〔註12〕在《（光緒）湖南通志》的卷二百四十二方外志和卷二百五十二藝文志中，也謂李道純爲武岡人。

清代《（乾隆）盱眙縣志》卷二十、《（光緒）盱眙縣志稿》卷十二、《（光緒）鳳陽縣志》卷十六上、《（乾隆）江南通志》卷一百九十二、《（光緒）重修安徽通志》卷三百四十二，也都收有李道純的著述存目。其中，《（乾隆）江南通志》、《（光緒）重修安徽通志》都稱李道純爲「臨濠」人。「臨濠」即鳳陽的別稱。

岑孝清把李道純作爲盱眙人，其根據是：「如果李道純爲武岡州人，元代時李氏本人撰寫的文章當用『武岡』而不是『都梁』。……所以，李道純當爲盱眙縣人，故《鳳陽府志》列其爲『盱眙道士』是符合實際的。」〔註13〕其

〔註8〕《文津閣四庫全書》第106冊，商務印書館，2005年，第523頁。

〔註9〕劉俊文總纂，北京愛如生數字化技術研究中心研製。

〔註10〕《中國地方志集成‧湖南府縣志輯55‧同治武岡州志》，江蘇古籍出版社、上海書店、巴蜀書社，2002年7月，第285頁。

〔註11〕《中國地方志集成‧湖南府縣志輯55‧同治武岡州志》，江蘇古籍出版社、上海書店、巴蜀書社，2002年7月，第134、154頁。

〔註12〕《中國地方志集成‧湖南府縣志輯53‧道光寶慶府志（三）》，江蘇古籍出版社、上海書店、巴蜀書社，2002年7月，第133、319頁。

〔註13〕岑孝清：《李道純中和思想及其丹道闡眞》，宗教文化出版社，2010年3月，第45頁。

實，地名之古稱或別稱都一直是文人雅士所喜用的。在宋元時期，無論是武岡還是盱眙，都不以「都梁」作為本縣的官稱，但文人仍常常以「都梁」稱之。儘管盱眙距離李道純的主要活動地茅山、金陵、眞州都比較近，但考慮到南宋時南方的水陸交通都已非常便利，並不能因此而斷定李道純為盱眙人。**事實上**，在李道純的主要弟子中，鄧坦然就來自於「荊南」〔註14〕。

筆者檢索了各類史籍中關於「都梁縣」的稱謂，發現除上述《資治通鑑》卷二百五十一所附的胡三省音注外，幾乎全部都是指代武岡的。更值得注意的是：在明代洪武元年所封的宗室十五王中，就並列有盱眙王和都梁王，而這裡的「都梁」乃指湖南之武岡。〔註15〕可見，在明代，「都梁」一詞通常是專指湖南武岡的。《正統道藏》編於明代正統年間，其所收錄、校訂的李道純著作中的「都梁」一詞在當時也許並無歧義。

一個人的思想發展軌迹，與他所處的環境密切相關。盱眙在南宋時期為南、北勢力拉鋸之地。處此動蕩之邊塞，很難想像生長在這裡的人會有閒情逸致去修道參玄。

武岡雲山為道教第六十九福地，具有濃厚的道教傳統。據《湖南通志》載：公元 212 年，秦始皇派盧、侯二生入海求長生不死之藥，未得，難以覆命，盧與侯謀，隱入武岡雲山，與當地譚眞人一起修煉。後人稱盧、侯、譚為三眞，為境內最早修煉道士。

據《康熙武岡州志》卷之十·方外：譚紫霄景升眞人，本州人。著有《化書》刻行。〔註16〕譚紫霄也就是唐末五代著名的道教思想家譚峭。《化書》認為世界根源於「虛」，由虛化神，神化氣，氣化形，最終復歸於虛，「虛」既是萬物本源又是萬物的歸宿。李道純在其著作中也多次強調「虛」的境界，與譚峭的思想頗為契合，很明顯受到了《化書》的影響。

在《全眞集玄秘要》中，李道純收錄了自己對周敦頤《太極圖說》的注解。毋庸置疑，濂溪先生「無極而太極」的思想對瑩蟾子產生過深刻的影響。而這位理學開山鼻祖的家鄉道縣和重要活動地衡陽，都與武岡同處湘南，氣脈相通。

〔註14〕 《道藏》第 23 冊，文物出版社，1988 年，第 762 頁。

〔註15〕 《明會要》卷四，帝系四。

〔註16〕 《中國地方志集成·湖南府縣志輯 54·康熙武岡州志》，江蘇古籍出版社、上海書店、巴蜀書社，2002 年 7 月，第 78 頁。

　　綜上所述，筆者認爲：就李道純的籍貫而言，武岡說較盱眙說更可信。清代陳銘珪在《長春道教源流》卷七中也認爲：「李道純，字元素，號清庵，別號瑩蟾子，都梁人。……都梁，漢零陵郡，晉以後爲邵陵郡，今湖南寶慶府武岡州地。……蓋湖南人而居江南者。」

二、活動年譜

　　李道純爲宋末元初人，當無疑義。對於清庵先生具體的出生及羽化年月，《道藏提要》載爲 1219～1296 年，但沒有列出根據。[註17] 很多學者都沿用此說，但未見有人對此作出過梳理。岑孝清認爲，李道純生年的上限爲 1219 年。[註18] 胡世厚認爲，李道純卒年應不早於 1312、1313 年。[註19] 李大華對李道純的部份活動進行了編年，但沒有討論李道純的生卒時間。[註20]

　　對於李道純的生年，筆者認爲現有的史料還無法提供線索。岑孝清以 1219 年作爲李道純的生年上限（同時也是拜王金蟾爲師的上限），根據並不充分。

　　李道純曾在《自題相》一詩中提到自己早年的求學經歷：「黃面肌瘦子，看來有甚奇。分明喬眼孔，剛道絕聞知。勘破三千法，參同十七師。低頭又手處，泄盡那些兒。」[註21] 從詩中可知，李道純年輕時曾遍訪名師，廣涉諸家。這爲他後來融彙三教、道兼南北打下了紮實的學問基礎。

　　據《弘治徽州府志》卷之十‧卷之十‧人物四：「〔元〕趙定庵，名道可。其先遼州人，父木鄰赤，宋賜姓名趙旺，授右武大夫，驍衛上將軍，福州團練使。道可，其長子也，初名大德，授閣門宣贊舍人，馬步軍副總管。歸元，至正十四年授武德將軍金牌，……授昭勇大將軍管軍總管，累遭差調，冒犯風霜，遂成肺疾。麾下老卒李清庵者，素號得道，一夕候安否。因請屛去侍妾，解衣趺坐，腰背相倚，安不得動。達旦而疾瘳矣。道可感動，禮清庵爲

〔註17〕 任繼愈主編：《道藏提要》，中國社會科學出版社，1991 年，第 1203 頁。

〔註18〕 岑孝清：《李道純中和思想及其丹道闡眞》，宗教文化出版社，2010 年 3 月，第 39～41 頁，第 51 頁。

〔註19〕 胡世厚：《白樸交遊考補》，載《山西大學學報》（哲學社會科學版）2002 年第 6 期，第 24 頁

〔註20〕 李大華：《李道純生平事迹與著述考》，載《中國道教》2009 年第 4 期，第 32～34 頁。

〔註21〕 《中和集》卷五，《道藏》第 4 冊，第 514 頁。

師。以印綬誥命付其弟大明承襲，乃棄家往建康，創道院居之。」〔註22〕其中，「至正十四年」（1354年），應爲「至元十四年」（1277年）之誤。作爲前宋軍的將領，趙道可應是在宋亡之後才歸附元朝。〔註23〕作爲趙道可的「麾下老卒」，李道純也許還參加過宋軍的抗元鬥爭。由於在1286年李道純即已在金陵（即建康，今之南京）與白樸會面，故以上這段歷史應發生在1277年到1286年之間，應該是李道純在史籍中的最早出場記錄。

李大華認爲，能夠知道的最早關於李道純活動經歷的時間是元世祖至元二十五年（戊子），即1288年。〔註24〕然而，著名元曲作家白樸在其《水調歌頭》詞中的一段敘述，爲我們考察李道純的活動提供了另外的思路：「丙戌夏四月八日，夜夢有人以三元秘秋水五言謂予，請三元之義，曰，上中下也。恍惚玩味，可作水調歌頭首句，恨秘字之義未詳。後從相國史公歡遊如平生，俾賦樂章，因道此句，但不知秘字何意。公曰，秘即封也，甫一韻而寤，後三日成之，以識其異。」〔註25〕

晚清的況周頤在其《蕙風簃小品》中指出：「清庵詞《水調歌頭》有《贈白蘭谷》及《言道》、《言性》各一闋，亦皆以『三元秘秋水』爲起句，太素詞乃酬答清庵之作，……可知當日商榷文字，過從甚密。太素詞作於丙戌至元二十三年。清庵詞當亦是時作也。」〔註26〕丙戌至元二十三年，也就是1286年；元曲四大家之一的白樸，字太素，號蘭谷，時年61歲，已在金陵定居。所以，有確切紀年的李道純最早的活動記錄應是丙戌至元二十三年（1286年），他在金陵與白樸的詞作交往。

根據《清庵瑩蟾子語錄》序中嘿庵柴元皋的記述，自己爲該書作序的時間是至元戊子（1288年）夏季。〔註27〕該語錄六卷分別爲其弟子嘿庵柴元皋、定庵趙道可、實庵苗善時、寧庵鄧德成、蒙庵張應坦、損庵蔡志頤編。故此時，李道純已開堂講經，其六位主要弟子也均已投至門下。

〔註22〕《天一閣藏明代方志選刊·弘治徽州府志》，上海古籍書店，1982年。
〔註23〕至元十三年（1276年），元軍進入臨安，宋室投降，南宋滅亡。
〔註24〕李大華：《李道純生平事迹與著述考》，載《中國道教》2009年第4期，第32頁。
〔註25〕〔元〕白樸《天籟集》卷上，水調歌頭之九，載《四庫全書》集部別集類。
〔註26〕況周頤著，張秉戌選編：《蕙風簃小品》，北京出版社，1998年，第29頁。文中所言的太素，即是元代著名戲劇家白樸（字蘭谷）。
〔註27〕《道藏》第23冊，第733頁。

至元庚寅（1290 年）孟夏旦日，李道純爲《道德會元》作序。〔註28〕

李道純在《中和集》卷之四《煉虛歌》序中記載：辛卯（1291 年）歲，有全眞羽流之金陵中和精舍，嘗談盛德，予深重之。白後三頷雲翰，觀其言辭，有致虛安靜之志。於是乎，橫空飛劍而訪先生，是乃己亥重陽日也。觀其行，察其言，足見其深造玄理者也。〔註29〕這段史料對於研究李道純與全眞道的交往，具有重要價值。1291 年，距元滅南宋不過十幾年時間。正是南北方在政治上的統一，大大方便了南北的文化交流。從辛卯（1291 年）至己亥（1299 年）這八年中，李道純通過與全眞道士的接觸，與他們建立起了深刻的價值認同。正是這樣的價值認同，使得李道純開始以「全眞道人」自居。

至元壬辰（1292 年）上元日（正月十五），李道純於中和庵撰寫《死生說》，並贈與損庵蔡志頤等人。〔註30〕四日後，又於中和庵撰寫《動靜說》，並贈與經閒庵等人。〔註31〕

大德三年（1299 年）純陽誕日（四月十四），李道純在鑾江中和庵撰寫《金丹妙訣》。〔註32〕這裡的「鑾江」，指的是眞州（明稱儀眞，即今之江蘇儀徵）。故《道藏提要》載李道純卒年爲 1296 年，應有誤。

至於李道純羽化的時間，則有兩條史料應該引起重視。

首先是杜道堅爲《中和集》所作的序：「維楊損庵蔡君志頤，瑩蟾子李清庵之門人也，堪破凡塵，篤修仙道，得清庵之殘膏剩馥，編次成書，題曰《中和集》，蓋取師之靜室名也。大德丙午秋，謁余印可，欲壽諸梓，開悟後人。〔註33〕這裡的「大德丙午」正是 1306 年。文中有「殘膏剩馥」之言，說明李道純此時已經羽化。

另一條是明代《（隆慶）儀眞縣志》卷之十二·祠祀考：「長生觀：在縣東十里河北，按《井道泉記略》云：『我元皇慶間，道流李道純從劉道遠貿地經營，乃作殿二，曰玄元，曰全眞，堂廡整肅爲一方雲水都會，復爲通仙庵。』」〔註34〕這裡的「皇慶」指 1312～1313 年。按此記述，則李道純此時仍健在。

〔註28〕《道藏》第 12 冊，第 642 頁。
〔註29〕《道藏》第 4 冊，第 506 頁。
〔註30〕《道藏》第 4 冊，第 505 頁。
〔註31〕《道藏》第 4 冊，第 506 頁。
〔註32〕《道藏》第 4 冊，第 490 頁。
〔註33〕《道藏》第 4 冊，第 482 頁。
〔註34〕《天一閣藏明代方志選刊》第十五冊，上海古籍書店，1981 年 11 月。

筆者認爲，考察李道純的羽化時間，應以前一條史料爲準。因爲杜道堅爲《中和集》作序，是應清庵門人蔡志頤之邀，應該是比較瞭解情況的。況且蔡志頤對其序言一定還會作最終審訂，故出現錯誤的可能性極低。反觀《甘道泉記略》在記述李道純「貿地經營」時，只籠統地說「皇慶間」，並未確指某一年，當是作者多年以後根據大致的傳聞而說的。而且，在李道純的所有著述中，均未發現從 1300 年至 1313 年長達十四年的時間裏有確切紀年的事迹。故李道純羽化的時間應在 1299 年至 1306 年之間。

三、活動地域

從軍之前的李道純在哪裏修道？柴元皋在《瑩蟾子語錄》序中有一段記述也許可以爲我們提供解答這一問題的線索：「予自幼業儒，壯愛談空，雖愚賤者，有能道酸鹹氣話。亦不以儒自高，必屈己下問，但未能遇作家爾。一日歸茅山舊隱清庵瑩蟾子李君來訪。座未溫，發數語，字字無煙火氣。」〔註35〕其中，「舊隱」一詞有兩義：一爲舊時的隱居處，如唐代項斯《送歸江州友人初下第》詩：「新春城外路，舊隱水邊村。」；二爲昔日的隱士，如唐代吳融《蕭縣道中》詩：「草堂舊隱終歸去，寄語巖猿莫曉驚。」柴元皋所言「舊隱」若指第一義，則應斷句爲：「一日歸茅山舊隱，清庵瑩蟾子李君來訪。」若指第二義，則應斷句爲：「一日歸，茅山舊隱清庵瑩蟾子李君來訪。」筆者注意到，多數研究者都是按前者標點的。照這樣標點，句子暗含的意思是茅山曾是柴元皋的隱居地。然而，茅山在唐宋以來被稱作道教的「第一福地，第八洞天」，柴元皋「自幼業儒，壯愛談空」，又「未能遇作家」，似當初不太可能來此隱居修道。且既然是舊時而非今日的隱居處，若柴元皋回歸此地，在當時通訊不發達的情況下，李道純又如何知曉並登門拜訪？故前一種斷句有邏輯上的矛盾。這樣看來，李道純作爲南宗嫡傳弟子，曾在茅山隱居修道的可能性更大。

通過前面對李道純年譜的排列，可以發現：1286 年、1291 年，李道純的主要活動地區都在金陵；至 1299 年，就已轉到眞州了。至於 1292 年上元節（正月十五）李道純所在的中和庵，從常理判斷應該還是在金陵。因爲在充其量不到一年的時間裏，要完成在眞州的選址、置地、設計、施工，並完成

〔註35〕《道藏》第 23 冊，第 733 頁。

從金陵到眞州的搬遷，時間上顯得過於緊張。因此，筆者推斷，李道純由金陵遷至眞州，當是在 1292 年正月十五至 1299 年四月十四之間。至於渡江北去的原因，也許是爲了更方便與北方的「全眞羽流」作近距離的交流。按前述的記載來看，正是在 1299 年的重陽日，李道純「橫空飛劍」，回訪了「全眞羽流」。

李大華認爲，李道純「除了他在揚州的中和精舍，在金陵、鑾江等地也有住所。從他記述的時間長度來看，很有可能他在1291 年之後就不住揚州，而住金陵，從而把自己的新的居所也稱爲『中和精舍』。」〔註36〕筆者認爲，此說值得商榷。

對於鑾江與眞州的關係，岑孝清曾經作出過梳理。〔註37〕其實，「鑾江」就是眞州（明代稱儀眞，今稱儀徵）的代稱，而眞州也正在揚州府的治下，故揚州的中和精舍正是李道純在鑾江的住所。

據《（康熙）儀眞縣志》卷九·仙釋列傳：「元，李道純，字元素，都梁人，號瑩蟾子，亦曰清庵。住長生觀。遇異人指授，得道飛升，故又號其觀曰『升仙』。所著有《中和集》六卷、《道德經注》一卷。號所居曰『中和庵』，作《中和圖說》。」〔註38〕筆者認爲，既然李道純在 1299 年以前就已經到眞州，又是在眞州長生觀飛升的，那他晚年理應住在眞州，而不是金陵。

位於金陵的中和精舍，正式名稱應是「中和庵」。據元代張鉉所撰的《至正金陵新志》載：「中和庵：在府城北隅。全眞李清庵、苗實庵修建。」〔註39〕據《弘治徽州府志》卷之十·卷之十·人物四：「道可感動，禮清庵爲師。以印綬誥命付其弟大明承襲，乃棄家往建康，創道院居之。」故除了苗善時以外，可能李道純的另一門人趙道可也參與了金陵中和庵的修建。明代葛寅亮所撰的《金陵玄觀志》中，已不見關於中和庵的記載，可見在明代，金陵的中和庵早已不存在。

從《（康熙）儀眞縣志》的記述來看，眞州的中和庵是李道純的居室名，

〔註36〕李大華：《李道純生平事迹與著述考》，載《中國道教》2009 年第 4 期，第 33 頁。

〔註37〕岑孝清：《李道純中和思想及其丹道闡眞》，宗教文化出版社，2010 年 3 月，第 46 頁。

〔註38〕《稀見中國地方志彙刊》第十三冊，中國書店，1992 年 12 月，第 831 頁。

〔註39〕元代張鉉撰，田崇校點：《至正金陵新志》，南京出版社，1991 年 12 月，第 363 頁。

可能位於長生觀內或附近。長生觀又稱爲升仙觀、通仙庵。據明代《(隆慶)儀眞縣志》卷之十四載:「「李道純者,都梁人,號瑩蟾子,一曰清庵,住長生觀。世傳其得道飛昇,號其所居觀曰飛仙。今觀雖廢,然嘗有鶴翔其處。」該志卷之十二·祠祀考引《井道泉記略》云:「長生觀:在縣東十里河北,按《井道泉記略》云:『我元皇慶間,道流李道純從劉道遠貿地經營,乃作殿二,曰玄元,曰全眞,堂廡整肅爲一方雲水都會,復爲通仙庵。比居寶、焦二山之巓,茂林美樹,下瞰巨野。兩城亭臺之麗,長江舳艫之勝,晨煙夕霞、波光山色,皆几案中物矣。』」又據該志的卷之二·山川考:寶家山,在縣東北八里;焦家山,在縣東北五里,上有三將軍廟。〔註40〕

儀徵焦家山三將軍廟

筆者曾從南京出發,專程到儀徵探訪長生觀遺迹。在儀徵東北方向的三蔣村附近,找到了三將軍廟以及焦家山。長生觀遺址應當就在那附近。至於李道純爲什麼選擇此處建觀,三將軍廟的來歷也許可以給我們帶來一些想像的空間。據清康熙七年《儀眞縣志》卷七·祠祀考:「三將軍廟:在胥浦橋東。宋紹興間,金寇眞州。劉琦遣部將邵宏淵援之。分遣三將梁淵、元宗、張昭統軍禦敵。大戰胥浦,死之。州人壯其忠勇,立廟祀之。司法參軍劉宰撰記,見《藝文》。歲久,寢廢。今遷城東焦家山,有羽流奉祀。」〔註41〕李道純的從軍經歷,說明他心中潛藏著英雄情結。莫非李道純因爲仰慕這些抵禦外來入侵者的忠勇英雄,而選擇與他們爲鄰?

〔註40〕《天一閣藏明代方志選刊》第十五冊,上海古籍書店,1981年11月。
〔註41〕《稀見中國地方志彙刊》第十三冊,中國書店,1992年12月,第722頁。

四、學術著作

　　李道純的著述非常豐富。保存在《正統道藏》中的共有九種，即《中和集》、《清庵瑩蟾子語錄》、《道德會元》、《三天易髓》、《全真集玄秘要》、《太上大通經注》、《無上赤文洞古真經注》、《太上老君說常清靜經注》、《太上升玄消災護命妙經注》。另外，保存在《寶顏堂秘笈》中有《周易尚占》。筆者曾到國家圖書館借閱明版《正統道藏》，有幸一睹保存在此善本中的李道純文獻。

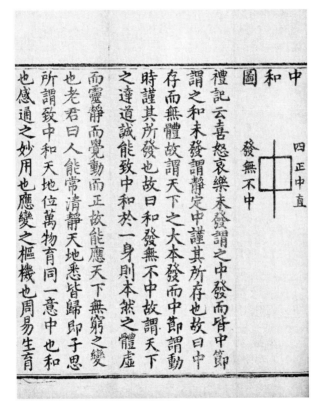

國家圖書館藏明版道藏《中和集》正文首頁

　　自 20 世紀 80 年代以來，已出版三種李道純著作的合集：1、王沐選編：道教五派丹法精選》第一集，中醫古籍出版社，1989 年 5 月。該書為影印本，收錄有《中和集》、《三天易髓》、《全真集玄秘要》、《道德會元》、《清庵瑩蟾子語錄》，凡五種。2、盛克琦、果兆輝點校：《中和正脈——道教中派李道純內丹修煉秘籍》，宗教文化出版社，2009 年 8 月。收錄除《周易尚占》之外的

李道純的所有著述，凡九種。3、張燦輝點校：《李道純集》，嶽麓書社 2010
年1月。收錄有《中和集》、《道德會元》、《清庵瑩蟾子語錄》，凡三種。

　　筆者在參考《道藏提要》、《道藏分類解題》的基礎上，將李道純各種著
作的版本、主要內容作一歸納。

　　1、《中和集》

　　六卷，題名「都梁清庵瑩蟾子李道純元素撰，門弟子損庵寶蟾子蔡志頤
編」。有大德丙午秋（1306年）杜道堅作的序，故該書的刊印應在此後不久。
筆者經眼的《中和集》有五種刻本：1、《正統道藏》本：收入明代張宇初等
編《正統道藏》，明正統10年（1445年），洞眞部方法類（光），第118～119
冊。現收於文物出版社版《道藏》第四冊，第482～524頁。2、《道書全集》
本：收入明代閻鶴洲輯，清代周在延重修《道書全集》，清康熙21年（1682
年），第28～30冊。3、《道統大成》本：收入清代汪東亭輯《道統大成》，清
光緒年間刻本。4、《道藏輯要》本：收入清代彭定求輯，閻永和增，成都二
仙庵刻本《道藏輯要》清光緒32年（1906年），昂集，第154冊。5、單行本：
清代刻本《清庵先生中和集》有清代丁丙跋。

　　本書爲李道純的詩文集，重在法天道而論丹道。

　　卷一論太極，分爲三部份：1、《玄門宗旨》以《太極圖》、《中和圖》、《委
順圖》、《照妄圖》等四圖來闡述全書主旨；2、《太極圖頌》闡述宇宙演化之
規律；3、《畫前密意》表述了他對於一系列易學範疇的理解。

　　卷二述丹道，分爲四個部份：1、《金丹妙訣》以金丹圖像論煉丹之三要
件（鼎器、藥物和火候）和三段工夫（煉精化氣、煉氣化神、煉神還虛）；2、
《三五指南圖局說》解析《悟眞篇》中「三五一都三個字」之內涵，總述金
丹生成之；3、《玄關一竅》闡述了「中」即玄關；4、《試金石》對種種修煉
方法進行分類、評價，分列旁門九品和漸頓二途。

　　卷三分爲三個部份：1、《問答語錄》爲李道純與弟子程安道、趙道可關
於丹道與義理的問答記錄；2、《金丹或問》將丹書中精要，集成三十六條；3、
《全眞活法》闡述「全其本眞」的法則。

　　卷四分爲五個部份：1、《性命論》把性命關係闡發爲「性無命不立，命無
性不存」；2、《卦象論》說「丹書用卦用爻者，蓋欲學者法象安爐，依爻進火，
易爲取則也」，但學者不應執泥於卦爻象；3、《死生說》闡釋無死即無生；4、《動
靜說》謂修道要效法天之動與地之靜；5、歌十二首，闡述內丹修持之理。

卷五收詩四十九首，卷六收詞五十八首，收《隱語》兩篇，皆兼論性命及內丹之旨。

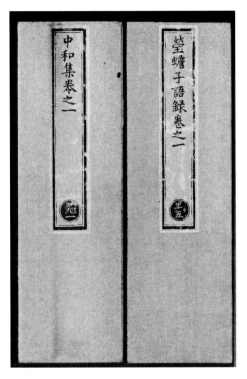

國家圖書館藏明版道藏《中和集》、《清庵瑩蟾子語錄》封面

2、清庵瑩蟾子語錄

六卷，分別爲李道純的門弟子嘿庵柴元皋、定庵趙道可、實庵苗善時、寧庵鄧德成、蒙庵張應坦、損庵蔡志頤編。有至元戊子（1288 年）夏季嘿庵柴元皋作的序。收入《正統道藏》太玄部（卑），第 729 冊。現收於文物出版社版《道藏》第二十三冊，第 733～752 頁。

語錄主要論述明心見性與內丹修煉。第一卷爲李道純與柴元皋的機鋒對答之語，以道教內煉要旨參究禪宗公案。第二卷題《道德心要》，乃李道純與諸弟子對《道德經》各章要旨的討論。第三卷爲李道純的兩篇上堂開示，《冬至陞堂講經》重點論復卦，《太上老君聖誕上堂》就《清靜經》與《道德經》的部份文句進行闡述。第四卷爲李道純與弟子通過聯句的形式以發明道要。第五卷包括《雜述》、《雜頌》、《示眾二圖》三部份，以詩歌讚頌言金丹之理，其疊字頌言金丹之體，藏頭詩言金丹之用。第六卷有七題，其中《黃中解惑》、

《登眞捷徑》、《金丹秘要》、《詩絕句》言內丹之理，《煉性指南》、《水調歌頭》言修心煉性，《詠儒釋道三教總贈程潔庵》總結三教要旨。

3、《道德會元》

二卷，題名「都梁參學清庵瑩蟾子李道純元素述」，有至元庚寅（1290 年）李道純自作的序。收入《正統道藏》洞神部玉訣類（談），第 387 冊。現收於文物出版社版《道藏》第十二冊，第 642～659 頁。另有《道書全集》本和明初刻印的單行本。

該書以《河上公章句》作為標準本。在「正辭」部份，將所校正的《老子》各種版本的差訛列出；在「究理」部份，將各本解釋與老子義理不符的辭句列出。然後，「將正經逐句下添個注腳，釋經之義，以證頤神養氣之要；又於各章下總言其理，以明究本窮源之序；又於各章後作頌，以盡明心見性之機。」〔註42〕

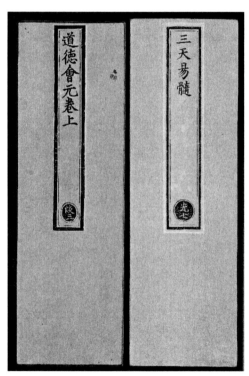

國家圖書館藏明版道藏《道德會元》、《三天易髓》封面

〔註42〕《道藏》第 12 冊，第 642 頁。

4、《三天易髓》

一卷，題名：「瑩蟾子李清庵撰，混然子校正」，收入《正統道藏》洞眞部方法類（光），第 119 冊。現收於文物出版社版《道藏》第十二冊，第 524～528 頁。

三天易髓，即以儒、釋、道三教爲三天，而歸於易髓。分爲四部份：一、「儒曰太極」，篇名爲《火符直指》，以卦理闡釋內丹火候；二、「道曰金丹」，篇名爲《金丹了然圖》，以五絕九首闡述內丹修持過程；三、「釋曰圓覺」，篇名爲《〈心經〉直指》，從內丹修煉角度詮解《心經》；四、解《陰符經》，以丹法注解，並強調把握陰陽符合之機。

5、《全眞集玄秘要》

一卷，題名「清庵李道純著」，收入《正統道藏》洞眞部方法類（光），第 119 冊。現收於文物出版社版《道藏》第四冊，第 528～534 頁。另有《道書全集》本。

全書分爲兩部份：1、《注〈讀周易參同契〉》是注解張伯端的《讀周易參同契》之文，爲「推明煉丹火候之大本」。2、《太極圖解》是解釋周敦頤的《太極圖說》之文，指出「無極而太極即虛化神」；認爲「體者逆數也，用者順數也」，「體用兼而合道」。

6、《太上大通經注》

一卷，題名「都梁參學清庵瑩蟾子李道純注」，收入《正統道藏》洞眞部玉訣類（藏），第 54 冊。現收於文物出版社版《道藏》第二冊，第 711～712 頁。另收錄在《道書全集・玄宗內典諸經注》及《道藏輯要》尾集中。

經文總「言其體用」也，分爲三章，分言天道、心性及悟道修心之旨：《眞空章》「原道之始也」，認爲道是「先天而生，生而無形。後天而存，存而無體」；《玄理章》「原性之原也」，以「靜爲之性」，「動爲之心」，「心生性滅，心滅性現」；《玄妙章》「明道之理也」，以「大道無相」、「眞性無爲」，故能「如如自然，廣無邊際」。

7、《無上赤文洞古眞經注》

一卷，題名「都梁參學清庵瑩蟾子李道純注」，收入《正統道藏》洞眞部玉訣類（藏），第 54 冊。現收於文物出版社版《道藏》第二冊，第 714～716 頁。

經文分爲三章：《操眞章》講「不動之動，無爲之爲」是萬物之本；《入聖章》講「忘目泯耳，色聲無礙」是眾妙之門；《住世章》講「養其無象，守其無體」則可以長生久視。

8、《太上老君說常清靜經注》

一卷，題名「都梁參學清庵瑩蟾子李道純注」，收入《正統道藏》洞神部玉訣類（是）。第 532 冊。現收於文物出版社版《道藏》第一十七冊，第 141～143 頁。另收錄在《道書全集・玄宗內典諸經注》、《道藏輯要》尾集及丁福保編《道藏精華錄》第四集中。

本書之宗旨在闡述道之體用與動靜之則。李道純將《清靜經》分爲九個部份進行注解：1、道之「無」；2、道之清濁、動靜；3、以道制欲；4、忘物我；5、入空寂與出空寂；6、寂爲體，感爲用；7、洞觀冥契，是名上士；8、常滅妄心；9、長存照心。

9、《太上升玄消災護命妙經注》

一卷，題名「都梁參學清庵瑩蟾子李道純注」，收入《正統道藏》洞眞部玉訣類（收），第 50 冊。現收於文物出版社版《道藏》第二冊，第 592～593 頁。

原經文大多因襲佛教《般若心經》，原不分章。注本分經文爲三章：第一章述「開示說經之義」，「蓋欲使人假此幻身而修正覺」；第二章述「發明升玄之心法」，「蓋欲使人離諸差別境界，不住有無空見」；第三章述「誘喻持經之功德」，「假立種種法相，接引中人以下，敬信奉持」。

10、《周易尚占》

三卷，載明代陳繼儒輯《寶顏堂彙秘笈》四十二種：八十三卷，六集二百二十五種，明代萬曆泰昌間刻本。前有大德丁未（1307 年）五月望日洛陽人寶巴之序，言「瑩蟾子李清庵」作。另外，也收於《藏外道書》第五冊，但缺卷中。

該書主要講易理及占法，提倡以易合道。由圖局部、旁通部、發端部、決斷部、三材部、人事部、三教部、營生部、疾厄部、乾部、坎部、艮部、震部、巽部、離部、坤部、兌部、通變部等十八部份組成。從該書首尾的《圖局部》和《通變部》所反映的思想來看，確與李道純的其它著作一脈相承。

五、法脈承續

從師承來看，李道純無疑繼承的是南宗的道統。柯道沖在《玄教大公案》序中說：「惟清庵李君，得玉蟾白眞人弟子王金蟾眞人授受，爲玄門宗匠，繼道統正傳以襲眞名，亦多典集見行於世。」〔註43〕他在《中和集》卷五中也有「密意參同白玉蟾」〔註44〕之語，可知李道純爲南宗之嫡系，他繼承的是張伯端、石泰、薛道光、陳楠、白玉蟾一系的南宗法脈。

然而，李道純又吸收了全眞北宗的思想，並以之作爲自己修道的核心宗旨。他在《全眞活法》一文中稱：「全眞道人，當行全眞之道。所謂全眞者，全其本眞也，全精，全氣，全神，方謂之全眞。才有欠缺，便不全也；才有污點，便不眞也。」〔註45〕清代陳銘珪在《邱長春後全眞法嗣紀略》也將李道純收入名冊之中，並言：「觀其所言，頗得全眞派養生之要。蓋欲挽南宗流弊而歸諸北宗者。」〔註46〕

在李道純的眾多弟子中，有六位門人是最重要的，他們分別是：嘿庵柴元皋（號廣蟾子）、定庵趙道可、實庵苗善時（字太素）、寧庵鄧德成（字坦然）、蒙庵張應坦、損庵蔡志頤（號寶蟾子）。在眾弟子彙集的《清庵瑩蟾子語錄》中，六人分別整理了一至六各卷。

在清庵門人中，柴元皋的命功修爲應是最好的。據《萬曆揚州府志》卷二十三・方外志：「國初，柴嘿庵寓興化西城，限潭水邊踞坐，朗吟曰：『少幹施主少抄堤，野鶴孤雲自在飛，有水有山還著我，莫教塵土污霞衣。』吟畢，升騰而去。邑人立廟以存遺址。」〔註47〕柴元皋爲《清庵瑩蟾子語錄》作序是在至元戊子（1288 年）夏季，而他羽化的時間已是明初（明朝於 1368 年建立）。這樣推算起來，柴元皋活過百歲當無疑問。柴元皋羽化之後，興化知縣李光學爲其建柴仙祠。〔註48〕

在《清庵瑩蟾子語錄》序中，嘿庵柴元皋記述了他拜李道純爲師的經過：「一日歸茅山舊隱，清庵瑩蟾子李君來訪，座未溫，發數語，字字無煙火氣，

〔註43〕苗善時撰，王志道編集：《玄教大公案》，《道藏》第 23 冊，第 889 頁。

〔註44〕《道藏》第 4 冊，第 514 頁。

〔註45〕《道藏》第 4 冊，第 501 頁。

〔註46〕《長春道教源流》卷七，民國東莞陳氏刊本。

〔註47〕《北京圖書館古籍珍本叢刊》，第 25 冊・史部・地理類，書目文獻出版社，第 409 頁。

〔註48〕《（咸豐）重修興化縣志》卷一。

繼而講羲皇未畫以前易，透祖師過，不切底闡，把三教紙上語，掃得赤灑灑，將我輩瞎漠眼，點出圓陀陀。清氣襲人，和光滿座，恍不知移蟾窟於予身中耶，抑予潛身入蟾窟中耶。是夜，驚喜萬倍，整心慮，焚心香，拜於床下曰：『眞我師也，眞作家也。』師不我棄，願加警誨。」〔註 49〕在與李道純的初次交談中，柴元皋即被其所展現出的境界與才華折服，故決定立即扞師。

在李道純一系道脈的硬件建設上，趙道可貢獻最大。按前述《弘治徽州府志》的記載，定庵趙道可的父親趙旺，曾被宋室賜趙姓、授高官。道可亦曾爲宋軍將領，宋亡後歸附元朝。由於麾下老卒李道純用自身功力爲其治好肺疾，故受到感動而拜清庵爲師。隨後棄家前往建康，創道院居之。故很有可能是趙道可以自己爲官多年的積蓄幫助李道純修建了金陵的中和庵。不僅如此，趙道可後來「又往池陽建德之嶽山，至饒建雲隱堂，凡四所，命其徒居之。大德二年秋，來婺源募緣。江桂坡先生捨環村地八畝建中和精舍以居之。」〔註 50〕

據明代《白雲集》卷七：「延祐五年九月十有二日，坐於丸室。……口佔有孤舟、片雲之句，悠然逝矣。〔註 51〕故趙道可應羽化於元延祐五年（1318年）。

實庵苗善時曾參與金陵中和庵的建設，應該是追隨道純較早的弟子。柯道沖在《玄教大公案》的序中說：「實庵苗太素，師事之，心印其要，蓋青出於藍而青於藍者也。實庵抱負此道，以列祖道統心法，模範學人。採摭諸經樞妙，陞堂入室，舉其綱要於列祖言外，著一轉語。復頌《象》之以易數，爲六十四則，又入室三極則。門弟子王誠庵輩集成，編名曰《玄教大公案》。」苗善時應是清庵弟子中最善於繼承、運用參悟公案的教學方法的，其所述《玄教大公案》二卷，全仿《清庵瑩蟾子語錄》中的參究形式。另外，他在清庵弟子中應是著述較多的。除《玄教大公案》以外，他還爲《純陽帝君神化妙通紀》校正編次，爲《太上洞神三元妙本福壽眞經》作序。〔註 52〕

在諸多弟子中，損庵蔡志頤對李道純「致中和」思想把握得最到位，也是最具弘道意識的一位。所以，他能夠自覺地承擔起整理《中和集》的重任，

〔註 49〕《道藏》第 23 冊，第 733 頁。
〔註 50〕《天一閣藏明代方志選刊·弘治徽州府志》，上海古籍書店，1982 年。
〔註 51〕《文淵閣四庫全書》，集部，別集類
〔註 52〕明代白雲霽《道藏目錄詳注》卷一洞眞部即卷三洞神部，清文淵閣四庫全書本。

並於大德丙午（1306 年）秋，上門拜請杜道堅審訂並作序，「欲壽諸梓，開悟後人」。〔註53〕

第二節　對南宋覆亡教訓的反思和李道純思想的歷史起點

　　一位成熟的思想家總是以他所置身其中的歷史狀況作爲出發點來思考理論問題的。欲對李道純的「極體利用」思想作出恰如其分的評價，有必要對宋元之際的歷史文化背景作出考察。

　　元滅南宋，統一南北，爲華夏文明歷史上的空前變局。在此之前，雖有兩晉之際的「五胡亂華」與北宋末年的金人入寇，但漢族政權尚能保有江南半壁河山，華夏文明的一縷聖脈也因此而得以綿延不絕。元朝則第一次使漢族政權在中國完全滅亡，蒙古統治者對於華夏傳統的輕蔑與忽視，導致了華夏文明的承續面臨空前的危機。

　　宋亡之後，產生了數量眾多的遺民。蕭啓慶在《宋元之際的遺民與貳臣》一文中，以這些遺民政治態度的強弱，將其分爲激進、溫和與邊緣三型：激進型遺民對宋朝的忠心及對蒙元的厭惡情緒，皆甚明顯。往往慷慨悲歌，一言一行，皆甚激烈。溫和型的遺民守節不仕，或以詩詞書畫寄寓懷抱，或則居家著述，弘揚學術，或則寄身方外，以求解脫，對宋朝皆心懷忠愛，卻無激烈行動。邊緣型遺民則政治態度模棱兩可，政治行爲前後不一，雖然忠於宋室，卻不排斥元朝統治。〔註54〕李道純應該屬於其中的「溫和型遺民」。

　　元初，這些宋之遺民在飽嘗了戰亂的顛沛流離之苦後，又遭受了嚴重的政治歧視，被視爲四等人中最末等的「南人」，出仕機會極少。他們不僅以詩詞抒發自己的黍離之悲，而且在痛定思痛之後，紛紛開始反思南宋滅亡的教訓，認爲這些教訓中最重要的一點爲南宋末年的空談性理而疏於實政之風。

　　宋元間詞人周密（1232～1298）在《道學》篇中描述了這些道學家的昏聵無用：「高者談性理，卑者矜詩文，略不知兵財政刑爲何物」，「凡治財賦者則目爲聚斂，開闔捍邊者則目爲粗才，讀書作文者則目爲玩物喪志，留心政

〔註53〕《道藏》第 4 冊，第 482 頁。
〔註54〕蕭啓慶著：《內北國而外中國》，中華書局，2007 年 10 月，第 147～152 頁。

事者則目爲俗吏」,「卒致萬事不理,喪身亡國」。〔註55〕周密還曾引用南宋詩人劉克莊的話說:「自義理之學興,士大夫精研尋微之功,不愧先儒。然施之政事,其合者寡矣。」〔註56〕

其實,早在南宋中期,陳亮即對理學的空疏傾向進行過激烈批評:「自道德性命之說 興,⋯⋯爲士者恥言文章行義,而曰盡心知性,居官者恥言政事書判,而曰學道愛人。相蒙相欺,以盡廢天下之實,則亦終於百事不理而已。」〔註57〕「今世之儒士,自以爲得正心誠意之學者,皆風痺不知痛癢之人也。舉一世安於君父之仇,而方低頭拱手以談性命,不知何者謂之性命乎?」〔註58〕

在現代的學者中,也有人洞察到了理學本身的理論缺陷。劉子健在《中國轉向內在 —— 兩宋之際的文化內向》一書中認爲:「新儒家哲學傾向於強調儒家道德思想中內向的一面,強調內省的訓練,強調深植於個體人心當中的內在化的道德觀念,而非社會模式的或政治秩序架構當中的道德觀念。」〔註59〕他甚至還大膽的推論:「宋代的保守主義者和新儒家學者在本質內省的學說當中浸潤的時間越長,對形而上學和宇宙論課題的思量越深刻,就越發難以轉向平淡而客觀的社會現實,難以將其哲學理論與同樣『近』的實際聯繫起來去求驗證。」〔註60〕

李澤厚在《經世觀念隨筆》中,對宋儒眼中的「內」「外」關係作了歸納:「第一,它強調『內』是本,『外』是末,必須先『內』後『外』,必須先『正心誠意』然後才可能談『治平』。第二,有『內』自有『外』,只要能做到『正心誠意』,自然就會『國治民安』。『外』或『治平』是『內』或『修身』、『正心』之類的直線的延長或演繹。以至最後發展到第三,一講『外』就錯,只要『內聖』就可以做『聖人』。『爲學』就是『修身』,即內在心性的修養。從而,心性修養就成爲一切,即所謂『爲己之學』。」〔註61〕

〔註55〕 周密:《癸辛雜識》續集下,四庫全書本。
〔註56〕 周密:《癸辛雜識》後集,《雅流自居》。
〔註57〕 《龍川文集・送吳允成運幹序》,叢書集成初編本。
〔註58〕 《龍川文集・上孝宗皇帝第一書》,叢書集成初編本。
〔註59〕 劉子健著,趙冬梅譯《中國轉向內在 —— 兩宋之際的文化內向》,江蘇人民出版社,2002 年 1 月,第 141 頁。
〔註60〕 劉子健著,趙冬梅譯《中國轉向內在 —— 兩宋之際的文化內向》,江蘇人民出版社,2002 年 1 月,第 141 頁。
〔註61〕 李澤厚著:《中國古代思想史論》,生活・讀書・新知三聯書店,2008 年 6 月,

　　然而，這種單向度的內在化傾向並非中國自古以來的傳統，「內聖外王」的統一，才是古之聖人追求的最高境界。「內聖外王」最早出現於《莊子·天下篇》。《天下篇》作者說：「聖有所生，王有所成，皆原於一（道）。」此即「內聖外王之道」。《大學》的八條目中，也蘊含了「內聖外王」的思想。其中，「內聖」 即格物、致知、誠意、正心、修身，是人格理想；「外王」 即齊家、治國、平天下，是政治理想。

　　作為儒家的創始人，孔子還是力主內聖與外王並重的。在《論語·憲問》中有「修己安人」之說，修己之極處便是內聖，安人之極處就是外王。但春秋戰國時期的政治現實是，內聖與外王合一的傳統已逐漸分離，霸道開始盛行。故《莊子·天下篇》有「內聖外王之道，暗而不明，鬱而不發」之歎。相對來說，漢唐之道更多繼承了古之聖人外王的方面，更重視建功立業。宋代理學則主要繼承了原始儒學中內聖的傳統，更重視道德形而上學的建立，更致力於培養主體的道德自覺，對于謙濟天下的外王之學則明顯探討不夠。這就造成了南宋後期相當一部份以理學出身的士大夫只知尋微於「體」而不知廣施於「用」，只重內聖而忽視外王。 比如，理宗親政時，曾重用真德秀、魏了翁等朱學傳人，以推行革新。但真、魏二人只知道大談「正心、誠意」之道，對於富國強兵、革除弊政卻毫無辦法。

　　那麼，為什麼在唐宋之際，中國的主流文化會出現由外王向內聖的轉變呢？筆者認為，一個社會對內聖與外王的不同側重，是由於其對秩序與活力的不同選擇造成的。重秩序有助於「安內」，而重活力有利於「攘外」。但秩序與活力是矛盾的統一體，如果過份強調秩序就有可能扼殺活力，如果過份重視活力就有可能破壞秩序。

　　漢唐時期，以「外王」治國，富國強兵的主流意識長期貫穿於王朝政治中。雖然通過對社會活力的激發使國力盛極一時，但在其統治的後期，也存在著窮兵黷武、藩鎮割據、農民起義等現象，造成了社會秩序的嚴重破壞和平民百姓的流離失所。杜甫在其不朽的史詩「三吏」（《新安吏》、《石壕吏》、《潼關吏》）和「三別」（《新婚別》、《垂老別》、《無家別》）中，描述了戰亂給百姓帶來的無窮災難。

　　宋代立國以後，統治者和儒家學者對漢唐之道進行了認真反思，認為漢唐所走的道路屬於「霸道」而非「王道」。出於重建社會秩序的需要，宋代儒

第 283～284 頁。

家學者對中國文化中的「內聖」思想給予了特別重視，並在此基礎上發展出了理學的道德形上學。以儒家思想文化為背景的宋代官僚集團把理學的觀念推廣到了社會生活的各個方面。宋代以後的中國，正是由於對社會秩序的單方面強調而使社會活力受到嚴重壓制。

漢唐與宋代不同的治國方略，造成了漢唐長於「攘外」而短於「安內」，宋代優於「安內」而遜於「攘外」。故宋人言「漢唐多內難而無外患，本朝無內患而有外憂」〔註62〕。從某種意義上說，漢唐「無外患」之得在於重「外王」，「多內難」之失在於輕「內聖」；宋代「無內患」之功在於重「內聖」，「有外憂」之罪在於輕「外王」。

由朱熹發展並集大成的理學，成為南宋以後長期居於統治地位的官方哲學，深深影響了中國古代社會後半期的社會發展和文明走勢。理學是儒學發展的最高形態，無論是在哲學思維的深度上，還是在理論體系的嚴密與精緻上，都超過了先秦子學、漢唐經學。理學還是一種以道德為本位的人文主義哲學，對於重建國人的價值觀念、道德意識、主體意識、社會責任感和歷史使命感，都起到了重要作用。但另一方面，理學存在著濃厚的泛道德主義傾向，自始就存在理論脫離實際、理想超越現實的弊端，壓制、扼殺了人的自然欲望和創造性，從而把民族精神在一定程度上引向萎靡和頹廢。

作為南宋的遺民，李道純不可避免地會對南宋滅亡的歷史教訓進行認真反思。其修道和從軍經歷無疑會影響他思考問題的視角。修道，以得道成仙為目的，在宋元時期三教合一的背景下無異於追求內聖；從軍，以保家衛國為目的，在國家危亡的情況下也無異於追求外王。在人生的不同階段上對內聖與外王的不同追求，為李道純思考內聖與外王的統一創造了主觀上的條件。

〔註62〕呂中：《宋大事記講義》卷1《序論》，四庫全書本。

第二章　李道純「體用兼而合道」的 「致中和」理論

宋代士人重「內聖」而輕「外王」的思想傾向，是與南宋理學重「體」而輕「用」的思維方式相表裏的。「內聖」與「外王」的關係，在哲學層面，實際上是與「體」、「用」問題聯繫在一起的。能否實現「內聖」與「外王」的統一，在很大程度上取決於能否在哲學上恰到好處地把握「體」與「用」的平衡。

方克立先生認爲：「『體』和『用』是中國哲學特有的一對範疇，是足以表現中國哲學思維方式特點的一對範疇。」「體用不僅屬於自然觀，本體論的範疇，它還被廣泛地運用到認識論、人性論、歷史觀、政治倫理等各個領域，成爲一對涵義最豐富、使用最普遍的範疇。」〔註1〕在中國哲學史上，體用範疇的基本涵義有二：一是實體和作用、功能、屬性的關係，二是本體（本質）和現象的關係。宋代以後的哲學家則通常從本體和現象的關係的意義上來使用體用範疇。一方面，他們都把「體」看作是內在的深微的基礎，把「用」看作是外在的明顯的表現；另一方面，都把「體」看作是恒常存在的不變的東西，把「用」看作是流動的可變的東西。

「中」的學說在中國思想史上經歷了漫長的發展過程，爲儒、道兩家共同推崇。儒家倡導「致中和」，而道家重視「守中」。李道純對「中」的學說作出了符合時代特徵和道教修煉義理的闡述。李道純對於「致中和」思想的闡發，與理學傢具有不同的出發點。

〔註 1〕 方克立：《論中國哲學中的體用範疇》，載《中國社會科學》，1984 年第 5 期，第 185 頁，195 頁。

第一節　「致中和」、「守中」思想的歷史發展

一、儒家「致中和」思想的歷史發展

儒家「致中和」思想在思想史上經歷了三個發展階段，即先秦階段、漢唐階段和宋明階段。其中，「致中和」思想在先秦及宋代的發展，對李道純思想的形成影響最大。故以下主要對先秦以及宋代「致中和」學說的歷史發展作出簡要回顧。

（一）先秦時期：「致中和」思想的發生

作為群經之首的《周易》中即已以「中」作為核心思想。漢代虞翻在解釋臨卦九二爻辭時曰：「得中多譽，故無不利。」〔註2〕清代惠棟《易例上》云：「《易》尚中和。」《易經》中的中道思想可以歸納為三個方面：一、中行、中道，也就是正確的道理、原則；二、無過無不及的思想方法；三、「中」又是「內」的意思，指人的內心。

《易傳》提出的「中」指上下卦之中位，也就是二、五爻。在一卦中，中爻決定了卦的吉凶性質。《繫辭下》論及中爻的作用時說：「若夫雜物撰德，辨是與非，則非中爻不備。」就是說錯雜陰陽，具列其性，分辨是非，沒有中爻是不能完成的。孔穎達認為「中爻統攝一卦之義多也。」《彖辭》在釋卦時，將「得中」、「中正」「剛中」作為理由。這裡的中、正既指爻位，也言中道。「中和」則是指二五兩中爻陰陽既當位又相應。這說明，《周易》是以爻位居中為重的形式宣揚中道思想的。另外，《周易》中還闡發了「時中」的思想。

《尚書‧大禹謨》中有「人心惟危，道心惟微，惟精惟一，允執厥中。」大意是：人有私心，善惡難辨，故危；道心隱微故難知，正是由於危則難安，微則難明，必須精心專注，信守中道原則，做得恰到好處。相傳，堯把「允執厥中」要訣傳給舜，舜在傳給禹時加以擴充，形成了十六字訣。該訣後來被認為是湯、文、武、周公、孔子等歷代聖人相傳的道統心法。《大禹謨》雖是後人偽託，但由於《論語‧堯曰》中有「允執其中」之語，故大致可以相信為孔子之前流傳的典籍中所存。

孔子將「中」演化為「中庸」，曰：「中庸之為德也，其至矣乎！民鮮久

〔註2〕李鼎祚《周易集解》引。

矣。」〔註3〕關於「中庸」的涵義，孔子沒有界定。後世對「中庸」大致有兩種不同的解釋。第一種解釋以漢代的鄭玄為代表，他在《禮記・中庸》的注釋中說：「名曰中庸者，以記其中和之爲用也。庸，用也。」宋儒朱熹在《中庸章句》中說：「中、庸只是一個道理，以其不偏不倚，故謂之中；以其不差異可常行，可謂之庸。」

「致中和」的概念最早發端於《中庸》：「喜怒哀樂之未發謂之中，發而皆中節謂之和。中也者，天下之大本也；和也者，天下之達道也。致中和，天地位焉，萬物育焉。」這是以人的情感的比喻來解釋「中和」的涵義。在這裡，「中」既是心性論的概念，有具有本體論的意義。「中」爲體，「和」爲用。「致中」強調了「明體」的內在指向性；「致和」則凸現了「達用」的外在指向性。「天地位」，體現了秩序的實現；「萬物育」彰顯了生命活力的釋放。《中庸》的「致中和」思想認爲，只有「未發」和「已發」這兩個向度的有機結合，才能同時成就宇宙和人的秩序與活力。李道純正是借助《中庸》「致中和」的思想框架，來闡發其體用兼達的思想的。

孟子把「中」看作是一個純粹的道德範疇，云：「中也養不中，才也養不才，故人樂有賢父兄也。」〔註4〕此處的「中」是指能中道而行或行中庸之道的人，也就是有德的人。孟子還有「執中」之說：「執中無權，猶執一也。」〔註5〕即事事物物皆各有各自之「中」，人欲中道而行，須識得各事各物之中而執之。這裡的「權」與後世儒者「時中」的意思相合。

荀子則明確提出了「禮義中和」論。《荀子・儒效》曰：「先王之道，仁之隆也，比中而行之。」提出古代的先王就是依循著中正仁愛的道理來行事的，這是人類應遵循的準則。《荀子・王制》云：「故公平者，職之衡也。中和者，聽之繩也。」「衡」與「繩」都是代表公平準則的中和之道，都是指合理的評判是非的標準。

縱觀先秦儒家所論，「中」包含以下三義：一曰中禮或中道，這是指以禮作爲中的標準；二曰時中，即強調要在不同的時空條件下，隨時變通以合於中。三曰適中，即強調不偏執，不走極端，這是中禮、中道在人的行爲和人格風貌上的具體體現。先秦儒家關於「中」的哲學主要是爲其政治、倫理主張服務的。

〔註3〕《論語・雍也》。
〔註4〕《孟子・離婁下》。
〔註5〕《孟子・盡心上》。

（二）宋代理學：「致中和」思想的成熟

作爲宋理代學的創始人，周敦頤綜合吸收了原始道家的「無極」和原始儒家的「太極」觀念，在《太極圖》和《通說》中闡發了理學的心性義理的邏輯框架，從無極而太極的最高本體依次下落爲天地萬物人、中正仁義之道和主靜無欲的心性工夫。後來的理學家都把周敦頤的「太極」當作「中」的同義語。周敦頤認爲：「性者，剛柔善惡，中而已矣。」〔註6〕在理學家中首先把「性」與「中」相聯繫，使理學的中庸哲學具有了心性化、本體化的新形態。在致中和的工夫論上，周敦頤還提出了「主靜」的原則。周敦頤的《太極圖》對李道純產生了深刻影響。李道純著有《太極圖頌》和《太極圖解》，專門闡發對於周敦頤思想的理解和發揮。

張載繼承了《周易》的時中思想，提出：「立本處以易簡爲是，接物處以時中爲是。」〔註7〕「時中」是依時而中，即根據時勢的變化採取相應的行爲，它內在包含了變通的道理。但張載的「時中」局限於道德實踐領域，並不能把「時中」運用於對待客觀事物。李道純則對張載的「時中」說進行了揚棄，創立了自己以事功爲目的的應變說。

程頤是心性化的中和哲學的創立者。他認爲：「中也者，狀性之體段。」〔註8〕意即「中」是描述「性」的本然狀態的形容詞，不能與「性」等同視之。他還說：「大本言其體，達道言其用，體用自殊，安得不爲二乎？」〔註9〕即把「中」作爲體，把「和」作爲用，並強調二者的分別。他又以「心」來統攝體用：「心一也，有指體而言者，寂然不動是也；有指用而言者，感而遂通天下之故是也。」〔註10〕這種看法既爲朱熹的「心統性情」說提供了根據。

在修養工夫上，程頤將中和問題與動靜聯繫起來。他在解釋《易·復卦·象》「復其見天地之心乎」時，認爲「一陽復於下，乃天地生物之心也。先儒皆以靜爲見天地之心，蓋不知動之端乃天地之心也。」他區分了已發的工夫與未發的工夫，主張涵養於未發之前，觀於已發之際。還認爲未發與已發的工夫是交養互發的關係。這些觀點對於李道純內丹理論中玄關學說的闡釋產生了重要影響。

〔註6〕《通書·師》。
〔註7〕《張載集·經學理窟·氣質》。
〔註8〕《河南程氏文集》卷第九，載《二程集》。
〔註9〕《河南程氏文集》卷第九，載《二程集》。
〔註10〕《河南程氏文集》卷第九，載《二程集》。

　　朱熹對「中和」問題的思考有一個發展的過程，先後提出過「中和舊說」與「中和新說」。「中和舊說」，亦稱爲「丙戌之悟」，其主要內容是「性體心用」，即未發之「中」是作爲體的「性」，已發之「和」是作爲用的「心」。「中和新說」，亦稱爲「己丑之悟」，其主要內容是「心統性情」，即如朱子所言：「其所謂中，是乃心之所以爲體而寂然不動者也。……其所謂和，是乃心之所以爲用，感而遂通者也。然性之靜也而不能不動，情之動也而必有節焉，是則心之所以寂然感通、周流貫徹而體用未始相離者也。」〔註11〕

　　朱熹關於「致中和」的工夫論，也有前後的不同。他曾接受過湖湘學派「先察識，後存養」的主張，但後來揚棄了這個思想：「蓋發處固當察識，但人自有未發時，此處便合存養，豈可必待發而後察、察而後存耶？且從初不曾存養，便欲隨事察識，竊恐浩浩茫茫，無下手處。」〔註12〕在他看來，只有將「察識」與「存養」貫徹於「未發」、「已發」的始終，才能使人的活動不受人欲的干擾、惑亂，並達到「中和」境界。在道教內丹學中，有南宗的「先命後性」與北宗的「先命後性」的不同主張。李道純則將性、命貫穿於內丹修煉的始終，其思維模式當是受到朱子的影響。

　　朱熹的工夫論還經歷了由「主靜」說到「主敬」說的轉變。朱子從程頤的「涵養須用敬」命題中，找到了克服「主靜」說的途徑。他用「敬」將動靜兩個方面統一了起來，從而跳出了動靜的對立：「此持敬之功貫通乎動靜之際者也。……方其未發，必有事焉，是乃所謂靜中之知覺，復之所以『見天地之心』也。及其已發，隨事觀省，是乃所謂動上求靜，艮之所以『止其所』也。然則靜中之動，非靜其孰能形之？動中之靜，非敬孰能察之？」〔註13〕李道純以復卦闡釋玄關一竅，實際上就是指「靜中之知覺」，這當是受到朱子思想的啓發。

　　陸九淵反對朱熹的「致中」與「致和」分爲兩截的致中和工夫，斥之爲「支離事業」，並建構了自己的心學化的心性中和哲學體系。他把「中」與「和」視爲一體，不分體用，不分未發已發：「中也，其爲道也，合內外，體用備。」〔註14〕由此，「致中」與「致和」只是一個過程，涵養與省察只是一個工夫。

〔註11〕　《朱熹集》三十二，《答張欽夫》。
〔註12〕　《朱子語類》卷一百四。
〔註13〕　《晦庵先生朱文公文集》卷六十七。
〔註14〕　《象山集·象山外集》卷二，《天地之性人爲貴》。

象山主張「發明本心」以致中，中道既致，則發必中節。他希望通過直接抹煞「格物」工夫以消除「支離」，結果使工夫專限於靜坐澄心的「內觀」，而沒有了格物的「外觀」。李道純「體用兼達」的「致中和」之說，實際上是講明體與達用的對立統一思想，是對陸九淵專講明體之學的糾偏。

中和思想在宋代發展的典型形態是宋代理學的心性中和哲學。儘管宋儒希望能夠通過致中和的工夫而達到「合外內之道」，「然而，理學派『半日讀書半日靜坐』的致中和工夫和心學派或整天靜坐，或高言空談的致中和工夫由於脫離日常實際生活，脫離社會客觀實踐，因而都未能有效地達到致中和的目的。」〔註15〕

二、道家與道教「守中」思想的發展

在人們通常的印象中，「中」、「中和」、「中庸」等概念是與儒家學派聯繫在一起的。但實際上，「中」同樣也是道家及道教思想的核心觀念。與儒家以禮作爲衡量「中」的標準不同，道家、道教則以虛、空作爲「中」的釋義。

老子的守中思想。《老子》第五章言「多言數窮，不如守中。」陳鼓應先生解爲：「守中，作『守沖』解。持守虛靜的意思。」〔註16〕老子講的「中」，是指內在生命的虛靜狀態；「守中」，即向內守道之虛靜。《老子》第四十二章曰：「沖氣以爲和。」《老子》第四章云：「道沖而用之，或不盈，淵兮似萬物之宗。」「沖」古字爲「盅」，通「中」，訓爲「虛」。老子認爲只有在虛靜的狀態下才能維持和諧的統一。「道」有三種意義，即實存意義的道、規律性的道和生活準則的道。虛靜是實存意義上的道的特性。

莊子的環中思想。《莊子·齊物論》云：「彼是莫得其偶，謂之道樞。樞始得其環中，以應無窮。」圓環中空，立於環中，任其旋轉，便可應對無窮。莊子用以比喻身處是非紛爭的循環之中，又超然於是非紛爭之外的立場與方法。李道純以虛應變的思想當是受到莊子的影響。

被稱爲「萬古丹經王」的《周易參同契》也以「守中」爲要務：「耳口目三寶，固塞勿發揚。眞人潛深淵，浮游守規中。」〔註17〕此處的「守規中」，也就是「守中」。《參同契》還首次提出了「黃中」之說。然作者魏伯陽並沒

〔註15〕董根洪：《儒家中和哲學通論》，齊魯書社，2001年4月，第261頁。
〔註16〕《老子注譯及評介》，中華書局，1984年5月，第81頁。
〔註17〕《道藏》，第20冊，第85頁。

有明確指出「中」的內涵，這就造成了後世丹家對於「中」之涵義的不同理解。

　　東漢時期的《太平經》把「中和」與「太陽」、「太陰」並列的三種元氣之一，並認為「陰陽者，要在中和。中和氣得，萬物滋生，民眾和調，王治太平。」〔註18〕其「中和」概念具有自然哲學的特徵。另外，《太平經》的「中和」思想是內外同論的，視身體內在之太平，為外在政治之太平的基礎。這一點，與李道純「致中和」學說的內外兼修有異曲同工之妙。

　　《黃庭經》是一部以修持「黃庭」為特色的上清派存思經典。該經對於「黃庭」的內涵未作闡發，故在後世的注解中頗有歧義。儘管如此，但各家都認為黃為中央之色，故「黃庭」含有「中央」之意。清代的劉一明更認為「《黃庭經》即演說中之道也。這個中，……乃在四大不著之處，萬有皆空之境。」〔註19〕

　　對於儒、道兩家「中」論的不同，周可真教授曾作出過簡明扼要的歸納：「老子的『中道』思想實在強調順乎『自然』的『心平氣和』，孔子的『中道』思想則在於強調順乎『禮義』的『人和』。」〔註20〕可謂深得其旨。

第二節　李道純的「致中和」思想及其理論特色

　　早在20世紀80年代，王沐先生就已經注意到李道純的「致中和」概念與其體用框架的關係。他認為，李道純係以「中和」立教，而非以「真常」立宗，應放眼大處，故不必在「真常」兩字上多費工夫，以致混淆體用界線，忽略其創新精神實質。〔註21〕筆者非常欣賞王沐先生的這一觀點。但可惜，王沐先生沒有能夠對這一論斷作出具體闡發。筆者希望順著王沐先生的思路，對李道純「致中和」思想的體用論作出探索。

一、「致中和」範疇的體用框架

　　李道純的「致中和」思想，在形式上更多借助了《中庸》之「中和」範

〔註18〕王明編校：《太平經合校》，中華書局，1985年第20頁。
〔註19〕《藏外道書》第8冊，《黃庭經解》，巴蜀出版社，1992年，第557頁。
〔註20〕周可真：《顧炎武與中國文化》，黃山書社，2009年，第235頁。
〔註21〕王沐：《李道純之道統及其它》，原載《船山學報》，1986年第2期；後收入王沐著《內丹養生功法指要》，東方出版社，1990年5月，第24～26頁。

疇的體用框架，在內容上則更是對道家「守中」傳統的繼承。

「《禮記》云：『喜怒哀樂未發謂之中，發而皆中節謂之和。』未發，謂靜定中謹其所存也，故曰中；存而無體，故謂『天下之大本』。發而中節，謂動時謹其所發也，故曰和；發無不中，故謂『天下之達道』。誠能致中和於一身，則本然之體虛而靈、靜而覺、動而正，故能應天下無窮之變也。老君曰：『人能常清靜，天地悉皆歸。』即子思所謂：『致中和，天地位，萬物育』，同一意。中也、和也，感通之妙用也，應變之樞機也，《周易》『生育流行，一動一靜』之全體也。予以所居之舍『中和』二字匾名，不亦宜乎哉！」〔註22〕

李道純以《中庸》中的「致中和」理論作為義理框架，以《老子》的「人能常清靜，天地悉皆歸」作為核心內容。《中庸》的「中和」的範疇兼具境界論與存有論的意義。「中」是在靜定中求喜怒哀樂未發前氣象，「和」是在已發中慎其所發。李道純從內丹修煉的角度對它作了改造，用未發、已發來解釋它。「中」是「未發」，也就是心中保持虛靜、無欲的狀態，實際上就是元神用事的狀態。「和」是「已發」，就是在靜而不動，動而不動之時，保持動機、意念的純正。「中」是常住性，「和」是變動性。「中」是「和」的內在根據，「和」是「中」的外在表現。李道純認為，只要遵循中和的原則，就可以在一動一靜之中遊刃有餘，從而全面把握道之體用。

李道純把「中」與「和」的關係視為體與用的關係，即「中」為體，而

〔註22〕《中和集》卷一，載《道藏》，第 4 冊，第 483 頁。

「和」爲「用」。他借用《周易・繫辭》中「寂然不動也，感而遂通」的義理框架，指出：「寂然不動，中之體也，感而隨通，中之用也。」〔註23〕以「寂然不動」的未發狀態作爲中之「體」，以「感而遂通」的已發狀態作爲中之「用」，以「中」來貫通已發、未發。李道純還進一步把「中和」的體用關係闡發爲常與變、無思無爲與有感有應、神與機的關係：「常者，易之體；變者，易之用。古今不易，易之體；隨時變易，易之用。無思無爲，易之體；有感有應，易之用。」〔註24〕。「存乎中者，神也；發而中者，機也。寂然不動者，神也；感而遂通，機也。」〔註25〕這裡的常、無思無爲、神均爲體，而變、有感有應、機均爲用。「知其用，則能極其體；全其體，則能利其用。」〔註26〕在體與用之間構成了一個動態的雙向迴環的關係。這樣，就能有效地避免重體輕用或重用輕體的單向度思維。

「致」有「達到」和「致力於」兩種意思。在《中庸》中，「致」爲是達到的意思，「致中和」即達到中和的境界，這顯然只是一種境界論，並不含有工夫論的意義。李道純對「致」的涵義作了擴展，兼有「達到」和「致力於」兩種意思。李道純的「致中和」學說，是通過個人對「中和」原則的踐行，從而達到「中和」的境界，兼具工夫論和境界論的涵義。要求人們在立身行事中，把「中」與「和」兩個看似相反的向度結合起來。既持「中「以求「和」，又取「和」以顯「中」，如此則體用兼備，反之則體用俱廢。

二、「極體利用」之道

李道純「致中和」思想的提出是爲其「極體利用」的宗旨服務的，他說：「知其用，則能極其體；全其體，則能利其用。」〔註27〕「致中和」的工夫由「守中」開始。「守中」的本質是「極體利用」。「極」，在這裡應是使動用法，有極盡之意。「極體」是指努力培養作爲先天意識的眞性、照心、元神；「利用」是指以眞性、照心、元神統攝後天意識的活動。李道純認爲：「未發，謂靜定中謹其所存也，故日中；存而無體，故謂『天下之大本』。發而中節，

〔註23〕《瑩蟾子語錄》卷六，《道藏》第 23 冊，第 754 頁。
〔註24〕《中和集》卷一，載《道藏》，第 4 冊，第 484 頁。
〔註25〕《中和集》卷一，載《道藏》，第 4 冊，第 485 頁。
〔註26〕《中和集》卷一，載《道藏》，第 4 冊，第 484 頁。
〔註27〕《中和集》卷一，載《道藏》，第 4 冊，第 484～485 頁。

謂動時謹其所發也,故曰和;發無不中,故謂『天下之達道』。」〔註28〕在《中庸》裏,「中」並非一發自然就是「和」,還需要「中節」。李道純所說的「謹其所發」其實也就是「中節」。「謹其所存」是持守「照心」,是「極體」,是致中;「謹其所發」是消除「妄心」,是「利用」,是致和。

「言其體返本還元也,言其用設施之廣也。體者逆數也,用者順數也,逆數知其所始,順數知其所終。知始而不知終,則不能致廣大;知終而不知始,則不能盡精微。原其始,則渾渾淪淪,合乎無極;推其終,則生生化化,運乎無窮;逆順相須,則始終不二;顯微無間,則性理融通,是謂體用兼而合道也。」〔註29〕

在這裡,「返本還元」、「逆則成仙」、「合乎無極」也就是「極體」; 「設施之廣」、「順則生人」、「運乎無窮」也就是「利用」。「極體」與「利用」的統一,也就是「體用兼而合道」。李道純對於重體輕用與重用輕體的兩種傾向進行了批評,把這兩種傾向分別稱爲「知始而不知終」和「知終而不知始」。至於「始」與「終」的概念,則涉及到了「兩重天地」的學說。

胡孚琛先生認爲:「在內丹家的眼裏,除了我們這個有形、有象、有質、可觀察測量的現實世界之外,還有一個無形、無象、無質、難以觀察測量的虛無空靈的世界,這就是說宇宙中存在『兩重天地』。『兩重天地』都是關係的實在,但前一重天地爲實體,後一重天地爲虛體。前一重天地是實數的時間空間,後一重天地的時空是虛數(即超時空)。這就是說,前一重世界是『三生萬物』而成的後天世界,後一重世界是萬物未生之前的先天世界;前一重是『形而下』的『器』世界,後一重是『形而上』的『道』世界;前一重姑且借用佛教所謂『色界』來表示,後一重則借用佛教所謂『無色界』、『空界』或『虛界』來表示。」〔註30〕

李道純所謂的「始」、「終」,分別是對形而上的「道」的先天虛體世界與形而下的「器」的後天實體世界的指稱。只瞭解「始」而不瞭解「終」,則「不能致廣大」,外王的事功之學無從談起;若只瞭解「終」不瞭解「始」,則「不能盡精微」,內聖的修養之學無法成就。欲同時瞭解「始」、「終」,就需要「智」

〔註28〕《中和集》卷一,載《道藏》,第 4 冊,第 483 頁。
〔註29〕《全眞集玄秘要‧太極圖解》,載《道藏》,第 4 冊,第 531 頁。
〔註30〕胡孚琛:《丹道法訣十二講》,社會科學文獻出版社,2009 年,第 131~132 頁。

與「識」的交替運用。

按胡孚琛先生的說法，人的意識共分爲三個相互聯繫的層次，即常意識、潛意識和元意識。其中，常意識也可以稱作「識」、「識神」，是人們日常的認知、思維活動，包括感知、判斷、推理等一系列心理程序。元意識也可以稱作「智」、「元神」，是一種與生俱來的本能意識，爲極端清醒卻毫無思維的心理狀態，可以呈現爲直覺和靈感。潛意識則爲常意識與元意識之間的過渡意識。〔註31〕

要「知始」就要「逆數」，即通過「返本還原」的轉識成智，由常意識開發出元意識，並在此基礎上以「智的直覺」實現對形而上之世界的認識，此過程也就是「極體」。要「知終」就要「順數」，即通過「設施之廣」的轉智成識，由元意識轉化爲常意識，並在此基礎上以理性思維實現對形而下之世界的認識，此過程也就是「利用」。極體，可以「合乎無極」，以「成己」涵養生命的本源；利用可以「運乎無窮」，以「成物」彰顯生命的創造力。

李道純說：「個中造化還知，卻不在當中及四維。這日用平常，由中運用，興居服食，中裏施爲。透得此中，便明中體，中字元來物莫違。全中了、把中來劈破，方是男兒。」〔註32〕他認爲「全中了」後還要「把中來劈破」，即在開發出元意識後，不能駐足於此，還要由元意識再轉化爲常意識，唯有如此，才能把超越的「中之體」轉化爲日用平常、興居服食的「中之用」。

李道純以「致中和」爲理論框架，表述了其「極體利用」的思想。李道純的這一思想是與老子的「妙徼雙觀」說相一致的。《老子》第一章開宗明義：「常無欲，以觀其妙；常有欲，以觀其徼。此兩者，同謂之玄。玄之又玄，眾妙之門。」對於本體與現象的認知，老子是同等重視的。認識本體，要借助於心的「無欲觀妙」的內在向度；認識現象，則要借助於心的「有欲觀徼」的外在向度。在《老子》以後各章中，既有「復歸於樸」、「復歸於嬰兒」、「挫其銳，解其紛，和其光，同其塵」的向內的回歸本原的向度，也有「道生一，一生二，二生三，三生萬物」的向外的順生萬物的向度。這兩種看似相反的向度實際上是並不矛盾的。《老子》第一章曰：「此兩者同謂之玄。玄之又玄，眾妙之門。」只有把這兩種向度恰當好處地結合起來，才能產生萬物並使萬物和諧發展。

〔註31〕胡孚琛：《道學通論》，社會科學文獻出版社，2009年，第393～394頁。
〔註32〕《中和集》卷六，載《道藏》，第4冊，第516～517頁。

三、「應天下無窮之變也」

既然「致中和」學說發端於儒家經典《中庸》，李道純在援引它時就不可避免地承襲了儒家的仁義禮智等倫理思想，他說：「中也者，天下之大本也。正也者，天下之至當也。仁也者，天下之大公也。義也者，天下之至和也。《文言》曰：利者，義之和也。又曰：利物足以和義。是知仁義，進修德業之要也。中正者，窮理盡性之要也。中正仁義，包羅天地，揆敘萬類，以之修身則身修，以之治國則國治。週旋四海，經緯天地，鉅細纖洪，無不具備。修進君子，誠能三反晝夜，用志不分，吾見其成道也易矣。」〔註33〕李道純把儒家的倫理道德作爲修道的根基，認爲只有守中正仁義，方能窮理盡性，妙應眞機。

然而，更加不容忽視的是：李道純將「致中和」的理論意義最終落實在「應變」上。他在《中和集》的開篇說：「誠能致中和於一身，則本然之體虛而靈、靜而覺、動而正，故能應天下無窮之變也。老君曰：『人能常清靜，天地悉皆歸。』即子思所謂：『致中和，天地位，萬物育』，同一意。中也、和也，感通之妙用也，應變之樞機也，《周易》『生育流行，一動一靜』之全體也。」〔註34〕

他把「求中」作爲「極體」的靜定工夫；把「求和」作爲「利用」的應對外界變化的要求，即「全其易體，足以知常；利其易用，足以通變。」〔註35〕他認爲：「蓋人心靜定未感物時，湛然天理，即太極之妙也。一感於物，便有偏倚，即太極之變也。苟靜定之時謹其所存，則天理常明，虛靈不昧，動時自有主宰，一切事物之來俱可應也。」〔註36〕也就是說，李道純以人心的靜定狀態作爲應對外界變化的前提條件，以「致中」作爲「致和」的基礎，並通過「致和」最終實現對外界變化的把握與應對。

李道純還作《委順圖》來形象的闡發他應變的工夫進路：「身順天命，故能應人；心順天道，故能應物；世順天時，故能應變；事順天理，故能應機。」〔註37〕

〔註33〕《全眞集玄秘要》，載《道藏》，第4冊，第530頁。
〔註34〕《中和集》卷一，載《道藏》，第4冊，第483頁。
〔註35〕《中和集》卷一，載《道藏》，第4冊，第484～485頁。
〔註36〕《中和集》卷一，載《道藏》，第4冊，第482頁。
〔註37〕《中和集》卷一，載《道藏》，第4冊，第483頁。

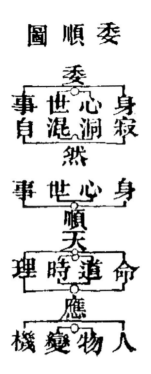

　　道家一向有「應變」的傳統。司馬談在《論六家要旨》中說：「道家使人精神專一，動合無形，贍足萬物。其爲術也，因陰陽之大順，採儒墨之善，撮名法之要，與時遷移，應物變化，立俗施事，無所不宜，指約而易操，事少而功多。」在歷史上，道家確實有「與時遷移，應物變化」的傳統，無論是治國還是治身，莫不如此。

　　對於道家善於應變的內在機理，《論六家要旨》也作了說明：「道家無爲，又曰無不爲，其實易行，其辭難知。其術以虛無爲本，以因循爲用。無成執，無常形，故能究萬物之情。不爲物先，不爲物後，故能爲萬物主。有法無法，因時爲業；有度無度，因物與合。故曰『聖人不朽，時變是守。虛者道之常也，因者君之綱』也。」這裡的本，也就是「體」的意思。正是因爲道家能夠以虛無爲體，以因循爲用，把極體與利用這兩種向度有機地結合起來，所以才能更好地認識「萬物之情」，從而利用萬物變化的規律達到合規律性與合目的性的統一，成爲萬物的主人。

第三章　李道純《老》《易》思想中的常變觀

　　「常變」是中國哲學的一對重要範疇。「常」有恒常性、不變性之義,「變」有變易和變動性之義。老子最先對「常」作了說明:「夫物芸芸,各復歸其根。歸根曰靜,靜曰復命,復命曰常。」〔註1〕把萬物由動而靜、復歸本性作爲恒常法則。同時,他又對事物的變動不居作了描述:「飄風不終朝,驟雨不終日。」〔註2〕

　　「常變」關係是「體用」關係的表現,故朱熹說:「論其體則終是恒。然體之常,所以爲用之變;用之變,乃所以爲體之恒。」〔註3〕李道純也認爲:「常者,易之體;變者,易之用。古今不易,易之體;隨時變易,易之用。無思無爲,易之體;有感有應,易之用。……全其易體,足以知常;利其易用,足以通變。」〔註4〕把「常變」等同於「體用」,把「知常」、「通變」等同於「極體」、「利用」。

　　李道純對於《老子》和《周易》都非常重視,他在《道德會元・序》中說:「竊謂伏羲畫易,剖露先天;老子著書,全彰道德,此二者其諸經之祖乎。」〔註5〕《老子》與《周易》均重視體用、常變的統一,但相對來說,《老子》更強調人道之有爲服從於天道之無爲,也就是以用、變、動服從於體、常、

〔註1〕《老子》第十六章。
〔註2〕《老子》第二十二章。
〔註3〕《朱子語類》卷七十二。
〔註4〕《中和集》卷一,載《道藏》第4冊,第484～485頁。
〔註5〕《道德會元》,《道藏》第12冊,第642頁。

靜；《周易》更強調本天道以利人道，也就是從體、常、靜中轉化出用、變、動。簡單地說，就是《老子》以論常爲特色，《周易》以論變爲特色。李道純以《老子》和《周易》相互補充和闡發，藉以說明體用、常變、動靜的動態關係。他所著的《道德會元》一書，更多的是以「易」補「老」，以闡發《老子》的「眞常」與「復化」思想的對立統一；而他對《周易》的闡釋，更多的是以「老」補「易」，以揭示「常易」與「變易」的相互轉化。

第一節　以「眞常」與「復化」解《老》

作爲一名道教思想家，李道純理所當然地會借助《老子》義理闡發自己的核心思想。李道純解《老》的思想主要集中地保存在《道德會元》和《清庵瑩蟾子語錄》卷二之《道德心要》中，另外於其它著作中也有所體現。在《道德會元·序》中，李道純對他參究《老子》的過程作了介紹：

「一日有傅濟庵者，攜紫清眞人道德寶章示予，觀其注腳頗合符節，其中略有未盡處，予欲饒舌，熟思之未敢！後有二三子各出數家解注，請益於予。予先以正經參對，多有異同。或多一字；或少一字；或全句差殊；或字訛舛互有得失，往往不同。予歎曰：正經尚爾，況注解乎！或問其故曰：始者抄寫人差誤，爾或開板有失點對，或前人解不通處妄有增加，以訛傳訛，支離錯雜故也。曰：孰爲是？曰：河上公章句，紫清道德寶章頗通。曰：何故？曰：與上下文理血脈貫通者爲正。曰：諸家解義如何？曰：所見不同，各執一端耳。曰：請問其詳？曰：蓋由私意揣度，非自己胸中流出，故不能廣而推之也。得之於治道者，執於治道；得之於丹道者，執於丹道；得之於兵機者，執於兵機；得之於禪機者，執於禪機。或言理而不言事者，或言事而不言理者。至於權變智謀，旁蹊曲徑，遂墮於偏枯，皆失聖人之本意也。殊不知聖人作經之意，立極於天地之先，運化於陰陽之表，至於覆載之間。一事一理無有不備，安可執一端而言之哉？」〔註6〕

李道純從校勘字句入手，逐步深入《老子》的義理。在諸多《老子》注本中，李道純最爲推崇《老子河上公章句》和白玉蟾的《紫清眞人道德寶章》，因爲他覺得這兩種注解是「六經注我」，滲透著注釋者的生命體驗，故能以心印心而血脈貫通。其它很多注者則是「我注六經」，是沒有內在生命感應的妄

〔註6〕《道德會元》，《道藏》第 12 冊，第 642 頁。

加猜測，故只能「各執一端」——有的注本只談「體」，即執於丹道或禪機；有的注本只談「用」，即執於治道或兵機。這就造成了理（體）和事（用）的分離，故「墮於偏枯」。李道純以《道德會元》命名自己的著作，目的在於破諸子解義的「偏枯」，同時「會至道以歸元」。在他的眼裏，聖人作經的本意是引導人們既「立極於天地之先」，又「運化於陰陽之表」，從而把「極體」與「利用」兩個向度統一起來。

一、對「眞常」的闡述

　　李道純認爲，《老子》經義的旨趣，既包括「證頤神養氣之要」、「明究本窮源之序」、「明心見性之機」，又涵蓋 「修齊治平、紀綱法度、百姓日用之間、平常履踐之道」〔註7〕。前者爲「精微」之體，後者爲「廣大」之用。爲了闡述「道之體」的特徵，李道純提出了「眞常之道」的概念。他說：

> 道之可以道者，非眞常之道也。夫眞常之道，始於無始，名於無名。……這個元是自家有的，自歷劫以來不曾變易，所謂：道也者不可須臾離也。又道：行住坐臥不離這個，況覆載之間，頭頭物物都是這個；互古互今只是這個；生天生地只是這個；至於日用平常，動靜作息只是這個。〔註8〕

李道純認爲，道是萬事萬物的本體，是無始無名、不可言狀的。它生天生地、生人生物；互古互今，歷劫常存。道又是人的內在生命，人的行住坐臥、日用平常，無不是道的顯現。就「體」而言，「至道之極，虛無空寂，無象無形，無名無質，視之不見，搏之不得，聽之不聞，覓無蹤迹」；就「用」而言，道又「大無不包，細無不入，生育天地，常養萬物，運化無窮，隱顯莫測。」〔註9〕

　　「眞常」，是恒常不變的本原之意，指宇宙的本體和人的眞性元神。其中，「眞」爲本原、本性、自然之意，如《莊子·秋水篇》有「謹守而勿失，是謂反其眞」之語；「常」本義是旗幟，後引申爲恒定不變之意。道正是由於「眞」故能「常」。與「眞」相對的概念是「妄」，與「常」相對的概念是「變」。《楞嚴經》卷十三云：「性眞常中，求於去來，迷悟生死，了無所得。」唐代成玄英曰：「不知性修反德而會於眞常之道者，則起妄心，隨境造業，

〔註7〕《道德會元》，《道藏》第 12 冊，第 642 頁。
〔註8〕《道德會元》，《道藏》第 12 冊，第 644 頁。
〔註9〕《道德會元》，《道藏》第 12 冊，第 644 頁。

動之死地，所作皆凶。」〔註10〕唐代呂洞賓《敲爻歌》云：「達聖道，顯眞常，虎兒刀兵更不傷。」李道純援引「眞常」這一概念，對於道體的特性作出了多方面的論述。

首先，李道純認爲「眞常」是不可言說的。「夫眞常之道，始於無始，名於無名。擬議即乖、開口即錯。」又「虛無自然眞常之道，本無可道，可道之道，非眞常之道。」〔註11〕眞常之道是表示道的形而上性質的，是無法用形而下的語言文字表述的。

其次，李道純認爲眞常之道是永恒不變的。他說：「一切有形皆有敗壞，惟有這個常在；天地虛空亦有敗壞；只有這個不壞。」〔註12〕「人情多聚散，世道有興衰，惟有眞常在，古今無改移。」〔註13〕李道純認爲唯有眞常「不壞」、「不改」，是對《老子》思想的發揮。《老子》第十六章云：「致虛極，守靜篤；萬物並作，吾以觀復。夫物芸芸，各復歸其根。歸根曰靜，靜曰復命。復命曰常，知常曰明。不知常，妄作凶。知常容，容乃公，公乃全，全乃天，天乃道，道乃久，沒身不殆。」老子指出，以致虛守靜的方法可以達到「常」的狀態，這樣就可以像道一樣長存。

最後，李道純認爲眞常之道是虛靜無爲的。「眞常之道本無爲，有爲即非常道。」〔註14〕在這裡，李道純把「無爲」作爲道之體的特性，把「有爲」作爲道之用的特性。但需要注意的是，「無爲」並非「頑空」。李道純的弟子實庵苗善時認爲：「所謂無爲者，非土木偶人，推之不去，呼之不來，逼之不動，塊然一物也。貴乎一點靈明，圓混混，活潑潑，無心爲而爲，時止時行，以輔萬物之自然。」〔註15〕這應是符合李道純的思想的。

詹石窗認爲，白玉蟾的另一位再傳弟子鄧錡「以『眞常』爲主，這是全眞道南北匯合之後在理論上的一大進展。李道純以『眞常』立宗，當是直接承此而來。」〔註16〕筆者以爲，此說值得商榷。按詹教授文中所述，鄧錡「於元大德二年戊戌（1298）秋，在其《道德經三解》自序中明確指出：『老氏一

〔註10〕《老子注》嚴靈峰本，第33頁。
〔註11〕《道德會元》，《道藏》第12冊，第644頁。
〔註12〕《道德會元》，《道藏》第12冊，第644頁。
〔註13〕《道德會元》，《道藏》第12冊，第652頁。
〔註14〕《道德會元》，《道藏》第12冊，第650頁。
〔註15〕《玄教大公案》，載《正統道藏》太玄部。
〔註16〕詹石窗：《南宋金元的道教》，第134頁。

書，眞常爲主。』」然而，李道純在至元庚寅（1290 年）即已爲《道德會元》作序。可見，鄧錡的眞常說應當是承李道純的《道德會元》而來。

對於李道純以「眞常」作爲「道」的本質，陳進國曾經作出過總結：「李氏的眞常義，突出了道是眞實而不妄的客觀實在，道具有超越性（超越現實和感知，名於無名）、普遍性（頭頭物物，都是這個，無所不在）、永恒性（不可須臾離也，亙古亙今）、絕對性（無改移）和無目的性（無爲）等特性。」〔註17〕

李道純的「眞常之道」思想，是受王弼「貴無」思想影響而來的。王弼把有形有名的具體事物稱爲「有」，把無形無名的抽象本體稱爲「無」。「貴無」是從「無」對萬物和有的決定性作用中所產生出的「無」崇尚。

王弼以無爲本的哲學思想主要來源於「老莊」。他以老子「有生於無」的思想作爲自己思辨的起點，極力發揮改造《老子》。把宇宙的本根從老子的「道」，改造成了「無」。他認爲「無」就是老子所謂的「道」。王弼還從本末體用的角度說明「有」和「無」的關係：「無」是本，是規律，可以統一天地萬物；「有」是末，是現象，是有局限的。要把握住「有」，要將「有」做得好，必須首先把握住「無」。

與王弼不同的是，李道純以「眞常」論「道」，並非只是爲了作形而上的理論思辨，更是爲其內丹修煉的理論服務的。他說：「所謂逆行者，攢簇五行，眞常之道也。」〔註18〕這裡的「眞常」是指常應常靜的眞性、元神，「眞常之道」則是指通過身心修煉獲取眞性、元神的方法。在李道純的內丹學體系中，攢簇五行的「眞常之道」是以「極體」爲目標的。

二、對「復化」的闡述

李道純認爲，老子對「道」的闡發，從根本上說是爲了通變。他說：「道本無名，聖人強立名道者，通天下萬變，歸天下之殊途。」〔註19〕

王弼認爲「以無爲本」在動、靜關係上就是以靜爲本，以動爲末。王弼在《周易注》復卦注曰：「復者，反本之謂也。天地以本爲心者也。凡動息則

〔註17〕陳進國：《李道純的「三教融合」思想及其以「中和」爲本的內丹心性學》，在《中國道教》，2001 年第 5 期，第 8 頁。
〔註18〕《全眞集玄秘要》，載《道藏》第 4 冊，第 528 頁。
〔註19〕《太上老君說常清靜經注》，載《道藏》第 17 冊，第 141 頁。

靜，靜非對動者；語息則默，默非對語者也。然則天地雖大，富有萬物，雷動風行，運化萬變，寂然之無，是其本矣。故動息地中，乃天地之心見也。若其以有爲心，則異類未獲具存矣。」王弼對於「復」的理解，是由動轉靜，即「反本」；他所理解的「天地之心」乃是在由動轉靜的過程中呈現的。

張岱年先生認爲：「中國古代哲學中所謂『復』有兩層意義，一爲終則有始，更新再始；二爲復返於初，回到原始。二義不同。」〔註20〕李道純對於「復」的理解也有兩種，他說：「太上云：『致虛極，守靜篤，萬物並作吾以觀其復。』此言靜極而動也。『夫物芸芸，各復歸其根，歸根日靜，是謂覆命。』此言動極而復靜也。」〔註21〕前一個「復」是《周易》「一陽來復」的「復」，其實質是「靜極而動」，即由元神向識神轉換的瞬間；後一個「復」是《老子》「歸根覆命」意義上的「復」，其實質是「動極而復靜」，即由識神轉換爲元神。如果說，「覆命」體現的是「知常」的向度，那麼，「觀復」則體現的是「通變」的向度。李道純又說：「『覆命日常，知常日明，不知常妄作凶。』師曰：世人會得這些消息，直造眞常境界，故曰明。苟或一陽來復，昧而不知妄有施爲，喪身必矣，故曰凶。」〔註22〕他認爲，覆命是爲了「直造眞常」，但在「知常」之後，如果不知恰到好處地「通變」，就會給人帶來負面的影響。

李道純認爲「知常」與「通變」應是循環無端的，故不可執於一端。他說：「又云：『覆命日常。』此言靜一動，動一靜，道之常也。苟以動爲動，靜爲靜，物之常也。先賢云：『靜而動，動而靜，神也。動無靜，靜無動，物也。』其斯之謂歟！」〔註23〕他認爲，動靜的相互轉化、循環不已才是形而上之道的規律，而執於動、靜之一端，則落於形而下之物的特徵。

李道純又把「觀復」之「復」與「化」聯繫在一起，共同作爲道之用。他說：「觀復則知化，知化則不化，不化則復歸其根也。」〔註24〕「復」、「化」均是動態，但「復」爲一陽初生，是動的萌芽狀態，「化」則爲變化，是動的發展狀態。李道純又說：「『夫物芸芸，各復歸其根，歸根日靜，靜日覆命。』師曰：此四句謂觀化知復也。且如復卦，自坤而復。坤靜也，陽動也。靜極

〔註20〕《中國哲學大綱》，中國社會科學出版社，1982年8月，第101頁。
〔註21〕《中和集》卷四，載《道藏》第4冊，第505頁。
〔註22〕《清庵瑩蟾子語錄》，載《道藏》第23冊，第743頁。
〔註23〕《中和集》卷四，載《道藏》第4冊，第505頁。
〔註24〕《中和集》卷四，載《道藏》第4冊，第505頁。

復動，天心見矣。」〔註 25〕與王弼相反，李道純所理解的「天心」是在由靜轉動的瞬間呈現的。

　　與以往的解老著作相比，李道純通過以「易」補「老」，更強調由靜轉動意義上的「復」。他說：「老子曰：『致虛極，守靜篤，萬物並作，吾以觀其復。』《易》云：『復，其見天地之心。』且復卦，一陽生於五陰之下。陰者靜也，陽者動也，靜極生動，只這動處便是『玄關』也。」〔註 26〕在這裡，「復」是由靜轉動的瞬間，是爲「通變」服務的。《呂祖百字碑》云：「眞常須應物，應物要不迷。」李道純之所以更加重視由靜轉動的「通變」，從根本上是爲了「應物」服務的。

　　唐代的重玄學派在注解《老子》時以「有無雙遣」爲特色。其代表人物成玄英認爲：「爲學之人，執於有欲，爲道之士，又滯無爲。雖復深淺不同，而二俱有患。今欲治此兩執，故有再損之文。既而前損損有，後損損無，二偏雙遣，以至於一中之無爲。」〔註 27〕重玄學派所主張得「非有非無」的中道，來自於佛教的中觀思想。這一不斷逆推、不斷否定的思維方式，既消解了體，也消解了用，是對體、用的雙重解構。「有無雙遣」實際上也就是「體用雙遣」。重玄學在解構了體用的同時，也就自然否定了體用的相互涵攝和轉化。

　　李道純在注解《老子》是則注重體用、常變的重建，主張既要「極體」、「知常」，又要「利用」、「通變」。由於「極體」與「利用」、「知常」與「通變」是相互轉換的，故既不會滯於體、常，也不會執於用、變。「極體」、「利用」是對體、用的雙重肯定，即「體用雙立」。唯有如此，才使得「體用兼而合道」成爲可能。需要注意的是，重玄學的「中道」與李道純的「中和」涵義並不相同，前者講「有無雙遣」，後者講「體用雙立」。

第二節　以「常」與「變」解《易》

　　李道純深通易道。雖然李道純沒有對《周易》經傳作出完整注疏，但在其著作中處處體現了他對於《周易》義理與象數的廣泛援引。他所作的《畫

〔註 25〕　《清庵瑩蟾子語錄》卷三，載《道藏》第 23 冊，第 743 頁。
〔註 26〕　《中和集》卷三，載《道藏》第 4 冊，第 498 頁。
〔註 27〕　《道德眞經玄德纂疏》，載《正統道藏》洞神部玉訣類。

前密意》（收錄於《中和集》卷一）主要闡述「常易」與「變易」之理以及「三易」的貫通，《卦象論》（收錄於《中和集》卷四）主要討論卦爻在內丹學「法象安爐」中的作用，《火符直指》（收錄於《三天易髓》）主要以《周易》乾坤兩卦爻辭闡述內煉的火候。他還認真研究了張伯端的《悟真篇》，並作《注〈讀周易參同契〉》一文（收錄於《全真集玄秘要》）。另外，他還著有《周易尚占》，作為卜筮之書。

李道純易學的特色在於以常變說易。他認為：「易之為書，盡造化之體用也。通天下之變，定天下之事，極廣大，盡精微，故曰《周易》。」〔註28〕在這裡，他把「易」作為闡述體用、常變的書，因為「易」能夠把「盡精微」的「知常」、「極體」的向度與「極廣大」的「通變」、「利用」向度結合起來，所以「通天下之變，定天下之事」。

一、「常易」與「變易」

李道純對於《周易》的發揮，首先體現在其「常易」與「變易」的思想中。他說：

> 易可易，非常易。象可象，非大象。常易不易，大象無象。常易，未畫以前易也；變易，既畫以後易也。常易不易，太極之體也；可易變易，造化之元也。大象，動靜之始也；可象，形名之母也。歷劫寂爾者，常易也；亙古不息者，變易也。至虛無體者，大象也；隨事發見者，可象也。所謂常者，莫窮其始，莫測其終，歷千萬世，廓然而獨存者也。所謂大者，外包乾坤，內充宇宙，遍河沙界，湛然圓滿者也。常易不易，故能統攝天下無窮之變；大象無象，故能形容天下無窮之事。易也，象也，其道之原乎？〔註29〕

與大多數易學家以「變」論「易」不同，李道純更注重以「常」作為論「易」的基礎，也就是注重對「常易」、「大象」的闡發。「常易」是變化未顯、卦爻未畫以前的「易」，「大象」是卦爻未畫以前的「象」。這種「常易」、「大象」，能統攝天下無窮之變，形容天下無窮之事，實際上就是《老子》所說的「道」。他還模仿《老子》第一章「道可道，非常道。名可名，非常名」的思維模式，認為發生變化的「易」就不是「常易」，可以用卦爻來表示的「象」就不是「大

〔註28〕《全真集玄秘要》，載《道藏》第4冊，第529頁。
〔註29〕《中和集》卷一，載《道藏》第4冊，第484頁。

象」。其「常易」、「大象」的說法，分別有取於《老子》第十六章的「復命曰常，知常曰明」和第三十五章的「執大象，天下往」。可以看出，李道純有意識地以《老子》的思想來闡釋《周易》之理。

李道純認為，把握「易」之常變具有重要的方法論意義。他說：「常易不變，變易不常。其常不變，故能應變；其變不常，故能體常。始終不變，易之常也；動靜不常，易之變也。獨立而不改，得其常也；周行而不殆，通其變也。不知常，不足以通變；不通變，不足以知常。常也，變也，其易之原乎？」〔註30〕在這裡，李道純把「體常」、「知常」的意義歸結為「應變」、「通變」，又把「應變」、「通變」作為「體常」、「知常」的前提。他還認為，「易」的「得常」與「通變」精神統一，正是《老子》第二十五章所描述的「獨立而不改，周行而不殆」的「道」的境界的體現。

李道純還將「易」的常變與體用聯繫了起來。他說：「常者，易之體；變者，易之用。古今不易，易之體；隨時變易，易之用。無思無為，易之體；有感有應，易之用。知其用，則能極其體；全其體，則能利其用。聖人仰觀俯察，遠求近取，得其體也；君子進德修業，作事製器，因其用也。至於窮理盡性，樂天知命，修齊治平，紀綱法度，未有外乎易者也。全其易體，足以知常；利其易用，足以通變。」〔註31〕人們往往習慣於把《周易》只作為講陰陽變化的書，只注意其「變易」的方面。李道純則認為，「隨時變易」只是易之用，而「古今不易」才是易之體。這非常符合《易緯‧乾鑿度》所講的簡易、變易、不易的易之三義說。李道純指出，所謂「常」是易「體」，「變」就是易「用」，故通過「極體」就可以實現「體常」、「知常」，而通過「利用」就可以達到「應變」、「通變」。從本質上說，「極體」與「利用」的統一，也就是「體常」與「應變」的統一。

二、深造三易以合聖功

李道純對《周易》的發揮，還體現在其「三易」的學說中。他說：

> 三易者，一曰「天易」，二曰「聖易」，三曰「心易」。「天易」者，易之理也。「聖易」者，易之象也。「心易」者，易之道也。觀「聖易」，貴在明象，象明則入聖。觀「天易」，貴在窮理，理窮則

〔註30〕《中和集》卷一，載《道藏》第 4 冊，第 484 頁。
〔註31〕《中和集》卷一，載《道藏》第 4 冊，第 484～485 頁。

知天。觀「心易」，貴在行道，道行則盡心。不讀聖人之《易》，則不明「天易」。不明「天易」，則不知「心易」。不知「心易」，則不足以通變。是知《易》者，通變之書也。

氣之消長，時之陞降，運之否泰，世之通塞，「天易」也。卦之吉凶，爻之得失，辭之險易，象之貞晦，「聖易」也。命之窮達，身之進退，世之成敗，位之安危，「心易」也。深造「心易」則知時勢。深造「聖易」，則知變化。深造「心易」，則知性命。以「心易」會「聖易」，以「聖易」擬「天易」，以「天易」參「心易」，一以貫之，是名至士。〔註32〕

在「三易」中，「天易」是易之理，反映的宇宙的消長、陞降、否泰、通塞的變化；「心易」是易之道，反映的是人的窮達、進退、成敗、安危的規律；「聖易」是易之象，是宇宙和人生規律的符號及語言表達。正是由於「三易」均爲變易、可易，故均可以理解爲「易之用」；對「三易」的觀察和運用，也體現了「利用」的向度。「觀天易」可以通過「窮理」而「知天」，從而掌握宇宙的規律；「觀心易」可以通過「行道」而「盡心」，明瞭性命的原理；「觀聖易」可以通過「明象」而「入聖」，以《周易》的卦爻象、卦爻辭參同宇宙、性命的規律。李道純在這裡建立了「讀聖易——明天易——知心易——通變」的學易次第，認爲只有將「三易」相互貫通，才能掌握並運用易學的規律，實現合目的性與合規律性的統一。

在「三易」中，「天易」爲義理之學，「聖易」爲象數之學，「心易」爲行道之學。李道純認爲，「深造心易，則知性命。」〔註33〕「心易」實際上也就是內丹性命之學。李道純說：「卦不重而變六十四卦，乃羲皇心法，道統正傳，誘萬世之下學者同入聖門。重卦而生六十四卦者，乃文王、周孔，立民極，正人倫，使世人趨吉避凶，立萬世君臣父子之綱耳。故性命之學，不敢輕明於言，亦不忍隱斯道。孔子微露於《繫辭》，濂溪發明於《太極》，《通書》也。蓋欲來者熟咀之而自得之，此學不泯其傳矣。」〔註34〕這裡所謂的「羲皇心法」也就是「心易」。對於「心易」在內丹修煉中的入門作用，李道純的後學王道淵說：「神仙之學豈尋常而語哉？必是遇其至人，點開心易，通陰陽闔辟

〔註32〕《中和集》卷一，《道藏》第4冊，第485頁。
〔註33〕《中和集》卷一，《道藏》第4冊，第486頁。
〔註34〕《中和集》卷一，《道藏》第4冊，第494頁。

之機，達性命混合之理，超然獨立，應化無窮，始可與言神仙之學也。」〔註35〕

　　李道純「心易」的提法，應是受到南宋楊簡「己易」說的啓發而來。楊簡又稱「慈湖先生」，爲南宋心學家陸九淵的弟子。楊簡以易爲己。他認爲《易》之爲書，廣大悉備，包羅萬象，盡含宇宙間一切事物及其原則，而其實質乃是己。《己易》開篇即曰：「易者，己也，非有他也。以易爲書，不以易爲己，不可也。以易爲天地之變化，不以易爲己之變化，不可也。天地，我之天地；變化，我之變化，非他物也。」〔註36〕楊簡把天地萬物歸於一「己」，認爲天地的存在便是「我」、「吾」的存在，天地的變化即是「我」、「吾」的變化。李道純之所以提出「以心易會聖易，以聖易擬天易，以天易參心易」觀點，其理論前提是吾心的變化、天地的變化、卦爻的變化都是統一的。

　　另外，《梅花易數》一書，在「八卦心易體用訣」中也提出過「心易」的預測方法。這種預測方法要求預測者在斷卦時注重心靈感應，屬於一種全息理論。但對於該書究竟是北宋邵雍所作，還是後人僞託，尚有疑問。

　　李道純之所以主張深造「三易」，是爲了成就聖功。他說：

> 聖人所以爲聖者，用易而已矣。用易所以成功者，虛靜而已矣。虛則無所不容，靜則無所不察；虛則能受物，靜則能應事。虛靜久久，則靈明。虛者，天之象也。靜者，地之象也。自強不息，天之虛也；厚德載物，地之靜也。空闊無涯，天之虛也；方廣無際，地之靜也。天地之道，惟虛惟靜。虛靜在己，則是天地在己也。道經云：「人能常清靜，天地悉皆歸。」其斯之謂歟？清即虛也，虛靜也者，其神德聖功乎？〔註37〕

聖人之所以爲聖人，是因爲能把「知常」與「通變」（也就是「極體」與「利用」）兩個向度統一起來：一方面，他善於「通變」，能夠自覺地運用《周易》從而成就聖功；一方面，他善於「知常」，能夠經常保持心靈的虛靜狀態從而恰到好處地運用《周易》。

　　李道純在《周易尙占》中不僅闡述了「用易」的具體方法，而且還探討了人作爲「通變」的主體所應該達到的思想境界。他說：「卦者，事也。爻者，

〔註35〕　《清庵瑩蟾子語錄》卷六，載《道藏》第 23 冊，第 762 頁。

〔註36〕　《慈湖己易》，載《宋元學案》，中華書局，1986 年，第 2467 頁。

〔註37〕　《中和集》卷一，《道藏》第 4 冊，第 486 頁。

事之時也。卦變事變也，爻者時變也。觀爻察變，則能趨時獲利，觀象玩占，則能趨吉避凶。察變之要，貴在潛神入虛，寂則能見事之幾微，知幾則能隨時變易，以從道也。」〔註38〕若要應對外界變化，趨時獲利、趨吉避凶，就需要觀爻察變；而察變的關鍵是主體能夠「潛神入虛」，也就是「體常」。這實際上是以「知常」作為「通變」的前提。

為了能達到虛靜的狀態，李道純提出「易道之工夫」，他說：「清心釋累，絕慮忘情，少私寡欲，見素抱樸，易道之工夫也。心清累釋，足以盡理。慮絕情忘，足以盡性。私欲俱泯，足以造道。素樸純一，足以知天。」〔註39〕盡理、盡性、造道和知天，都離不開心靈的虛靜狀態。李道純更把「致中和」作為工夫論的根本要求，他說：「誠能致中和於一身，則本然之體虛而靈、靜而覺、動而正，故能應天下無窮之變也。」〔註40〕

三、法象安爐，依爻進火

以《周易》卦爻闡釋內煉之理，是道教內丹學傳統。這一傳統始於漢代魏伯陽的《周易參同契》。該書分為上中下三篇，以漢代流行的黃老思想及《周易》象數學原理，論述煉丹之旨。由於其參同「大易」、「黃老」、「爐火」三家之理而契合為一，故名《參同契》。此書在理論上對於後世內外丹學的影響極大，被尊為「萬古丹經王」。

魏伯陽認為修丹與天地造化同途。由於世間萬物之生成演化皆因陰陽消長、氣運流轉而致，故煉丹這亦須以陰陽消長、五行生剋闡明修丹的原理及步驟。魏伯陽恐世人難以把握陰陽的進退變化，故以漢代象數易學的八卦納甲之法、十二消息卦、日月晦明朔望作為周天進退之火候，以乾坤為鼎爐，以坎離配水火為藥物，以其它各卦為火候。

北宋的張伯端被尊為金丹派南宗的創立者。他所作的《悟真篇》一書，收錄有《讀〈周易參同契〉》一文，以《參同契》的學說作為理論框架而闡述南宗的內煉之旨。張伯端繼承了《參同契》援易以明金丹之道的傳統。從形式上看，《悟真篇》詩詞的順序就是按照《周易》之數理安排的；從內容上看，《悟真篇》在論述內煉的火候時，反覆引述卦爻之理。

〔註38〕《周易尚占》卷下，中華書局，1991 年，第 76 頁。
〔註39〕《中和集》卷一，《道藏》第 4 冊，第 486 頁。
〔註40〕《中和集》卷一，《道藏》第 4 冊，第 483 頁。

　　李道純自覺繼承了道教以易道闡丹道的傳統，他認為：「丹書用卦用爻者，蓋欲學者法象安爐，依爻進火，易為取則也。」〔註41〕內丹學以鼎爐、藥物、火候作為三要件。李道純在其內丹學中對於易理的運用，也主要表現在法象安爐、煉藥合藥和依爻進火三個方面。這部份內容將留在第六章第二節討論，在此不作贅述。

〔註41〕《中和集》卷四，《道藏》第 4 冊，第 503 頁。

第四章　李道純心性論中的動靜觀

　　在李道純的眼中，形而上意義的「常變」概念可以具體落實爲形而下意義的「動靜」概念。他說：「剛柔推蕩，易之動靜；陰陽陞降，氣之動靜；奇偶交重，卦之動靜；氣形消息，物之動靜；晝夜興寢，身之動靜。至於身之進退，心之起滅，世之通塞，事之成敗，皆一動一靜互相倚伏也。觀其動靜，則萬事之變、萬物之情可見矣。靜時有存，動則有察；靜時有主，動則可斷；靜時有定，動罔不吉。靜者，動之基；動者，靜之機。動靜不失其常，其道光明矣。」〔註1〕李道純認爲，「動靜」是相互涵攝和轉化的，若能在靜時「有存」、「有主」、「定有」，則可在動時「有察」、「可斷」、「罔不吉」。「常變」與「動靜」相比較，「常變」範疇多與「易」或「道」等超越概念相聯繫，故更具有形而上的色彩；「動靜」範疇則除與「易」之概念相聯繫外，更多與氣、卦、物、身等具體概念相聯繫，故形而下意味更濃。相對來說，以「動靜」言工夫更容易理解和操作，故李道純認爲，言心性論時，「以動靜言之最親切」〔註2〕，更傾向於以動靜觀來探討心性問題，

　　自內丹學於唐末五代之際興起後，內丹心性學逐漸成爲道教哲學的核心。李道純以南、北宗的內丹心性理論爲基礎，大量吸收理學、禪宗的心性成果，以性命雙修、體用兼達爲目的討論性命雙修過程中的心性問題。李道純的心性學以對「動靜」的探討爲特色，具體表現爲：「本心」是與「道」的虛靜無爲境界相合的，人心與道心的區別在於動靜的不同，而心之動靜又是可以相互轉化和涵攝的，由人心向道心的回歸需要以致虛守靜的工夫作爲基礎。

〔註1〕《中和集》卷一，載《道藏》第4冊，第485頁。
〔註2〕載《道藏》第23冊，第737頁。

第一節　本心即道

　　道教歷來重視「心」在修煉中的作用，往往將「修心」視爲「修道」。《太上老君內關經》云：「道者，有而無形，無而有情，變化不測，通神群生，在人之身則爲神明，所謂心也。所以教人修道，則修心也，教人修心，則修道也。」〔註3〕自北宋以來，在禪宗的影響下，無論是金丹派南宗還是全眞派北宗都把眞心、本心、眞性、元神等同於「道」。南宗祖師張伯端說：「欲體夫至道，莫若明夫本心。故心者，道之體也。道者，心之用也。人能察心觀性，則圓明之體自現，無爲之用自成。不假施功，頓超彼岸。」〔註4〕全眞北宗祖師王重陽說：「心本是道，道即是心；心外無道，道外無心。」〔註5〕南宗五祖白玉蟾說：「推此心而與道合，此心即道也，體此道而與心會，此道即心也。道融於心，心融於道也。心外無別道，道外無別物也。」〔註6〕可以看出，南宗、北宗都把在心上用工夫作爲修道的核心內容。

　　李道純繼承了南北二宗的「心體道用」和「心外無道」的觀點，提出了自己對於「心」、「道」關係的看法。李道純把「心」分爲「人心」和「道心」。在李道純看來，由於「心」所呈現的不同狀態，「心」、「道」關係可以分爲理想狀態與現實狀態。他說：「以心觀道，道即心也。以道觀心，心即道也。」〔註7〕顯然，這裡的「心」乃是指道心、照心、本心。在理想狀態下，也就是在道心、照心呈現的狀態下，作爲主體的心與作爲客體的宇宙之道是貫通爲一的。李道純又說：「眾生所以不得眞道者，爲有妄心。是謂妄心一動，起種種差別因緣，因緣纏縛失道之本也！」〔註8〕在現實狀態下，也就是人心、妄心用事的狀態下，作爲主體的心與作爲客體的宇宙之道是分裂爲二的。心、道分裂的現實情況，說明了心性修養的必要性；心、道合一的理想情況，則說明心性修養的可能性。

　　由於李道純堅持「人心」、「道心」的分別，故他所說的「心即道」，更準確的表達應該是「本心即道」。「本心」在宋明哲學中實際上也就是「性」的另外一種表達。筆者認爲，李道純以性爲體，以心爲用，在二分一體的思維

〔註3〕載《道藏》第 11 冊，第 397 頁。
〔註4〕《悟眞篇後序》，載《藏外道書》，第 5 冊，第 335 頁。
〔註5〕《重陽眞人授丹陽二十四訣》，《正統道藏》太平部。
〔註6〕《謝張紫陽書》，載《道藏》，第 4 冊，第 626 頁。
〔註7〕《中和集》卷三，載《道藏》，第 4 冊，第 498 頁。
〔註8〕《清庵瑩蟾子語錄》卷三，載《道藏》，第 23 冊，第 744 頁。

框架上，其「本心即道」的命題與程朱學派「性即理」的命題並無二致，而
與陸王學派「心即理」的命題則大異其趣。

　　「性即理」與「心即理」的問題是程朱學派與陸王學派異同的中心點。
程頤、朱熹強調「性即理」。程頤提出：「性即理也，所謂理，性是也。」〔註
9〕認爲性是作爲宇宙本原的理在人、物上的體現。朱熹云：「天地之間，有
理有氣。理也者，形而上之道也，生物之本也。氣也者，形而下之器也，生
物之具也。是以人物之生，必稟此理，然後有性。必稟此氣，然後有形。」
〔註 10〕朱熹認爲人的本性是稟受於天地之理的結果。陸九淵則強調「心即
理」，認爲從涵義來看，「心」與「理」是相同的，「蓋心，一心也；理，一
理也。至當歸一，精義無二。此心此理實不容有二。……仁即此心也，此理
也。」〔註 11〕從其關係來看「理」含於「心」中，「人皆具是心，心皆具是
理，心即理也。」〔註 12〕

　　朱、陸二人之學，可分別簡括如下：朱子：一、性即理，亦只是理，屬
形而上。二、心不是性，亦不是理，而是氣之靈，屬形而下。三、心性二分，
心與理亦析而爲二。象山：一、心即是性，性是理，心亦是理。二、心性不
二，心理不二，性理亦不二。三、心、性、理三者同質同屬，可以畫等號。
據此可知，朱陸異同的中心癥結，只在於「心性是否爲一」，也就是「體用是
否爲一」上。程朱認爲，心受到了外部客觀條件的影響，包含了後天的經驗
意識，所以是不可靠的，不是主觀意識所能掌控的，故說「性即理」。陸王則
信任本心，把心、性之間的藩籬去掉，故說「心即理」。故朱、陸二家由於在
「體用是否爲一」的觀點上的不同，終於成爲兩個不同的義理系統。李道純
主張「體」與「用」在現實層面是分開的，只有通過性命雙修的工夫才能使
二者合一，其二分一體的思維架構顯然更接近於程朱學派。

　　張廣保先生認爲，李道純「『心即道』命題有其特指的意義：心即道是
指心與道二者在理境上的合一」。〔註 13〕「從全眞內丹修煉的角度來說，本
心和道雖然可以貫通，但是二者卻絕對不能同一。『道』是全眞道表示實體
的概念，內丹修煉就是回歸道體。全眞道倡性命雙修，認爲只有性命互融互

〔註 9〕在《河南程氏遺書》，卷第二十二上。
〔註 10〕載《朱子文集・答黃道夫書》。
〔註 11〕載《象山語要》卷一。
〔註 12〕《與李宰書》，載《陸九淵文選》卷十一。
〔註 13〕張廣保著：《金元全眞道內丹心性學》，三聯書店，1995 年，第 158 頁。

合，交結一體，才能結成大丹，返歸道體。而單純地明心見性，只是從境界上領悟了道體，並沒有在實體上『是』道（即絕對合一）。」〔註 14〕筆者非常贊同這一觀點。在全真教徒看來，禪宗的明心見性工夫只能通陰神；若要實現通陽神的目標，必須通過道教內丹學的性命雙修。

第二節　道心與人心

　　無論是全真道北宗，還是金丹派南宗，對心性問題的探討，都是圍繞著內丹修煉的需要而展開的。「心」這一概念在道教義理中歷來有歧義。在道教心性學中所討論的「心」，通常是指心的本然狀態，也就是本心、真心、道心；在道教內丹學命功中所討論的「心」，通常是指作為五臟之一的心，就五行而言屬火，就八卦而言為離卦。

　　在宋代理學中，「心」往往是與「心統性情」的命題聯繫在一起的。張載首先提出「心統性情」的命題。他認為，心是總括性與知覺而言的，「合性與知覺，有心之名」〔註 15〕。朱熹對此命題加以發展，提出：「仁義禮智，性也，體也；惻隱羞惡辭遜是非，情也，用也。統性情該體用者，心也。」〔註 16〕「性者，理也。性是體，情是用。性情皆出於心，故心能統之。」〔註 17〕他認為心是意識活動的總體，其內在道德本質為性，其具體情感念慮為情，性情皆由心中發出。他比喻說，心如水，性如水之靜，情如水之流。張載、朱熹所強調的「心統性情」，既強調了認識本性，又強調了調節情感，為二分一體的思維架構。

　　李道純吸收了朱子二分一體的思維框架，並將其融入了道教內丹學的心性理論中，使全真道的內丹心性理論有了重大的發展。他對《尚書》「人心惟危，道心惟微，惟精惟一，允執厥中」這十六字訣，作出了自己獨特的解釋：

　　　　古云：「常滅動心，不滅照心。」一切不動之心皆照心也，一

　　　切不止之心皆妄心也。照心即道心也，妄心即人心也。「道心惟

　　　微」，謂微妙而難見也。「人心惟危」，謂危殆而不安也。雖人心亦

　　　有道心，雖道心亦有人心，繫乎動靜之間爾。惟「允執厥中」者，

〔註 14〕張廣保著：《金元全真道內丹心性學》，三聯書店，1995 年，第 159 頁。
〔註 15〕《張子正蒙注》卷一。
〔註 16〕朱熹：《答方賓王四》。
〔註 17〕《朱子語類》卷第九十八。

　　　照心常存，妄心不動，危者安平，微者昭著，到此無妄之心復矣，

　　　無妄之道成矣，《易》曰：「復，其見天地之心乎？」〔註18〕

這裡的照心也就是道心，爲不動之心，爲心之體；妄心也就是人心，爲不止
之心，爲心之用。在早期全眞道學者中，並沒有人將「心」區分爲道心與人
心，李道純應該是受到宋代理學區分道心與人心的影響，才提出了自己的以
上觀點。他與朱熹一樣，一方面堅持妄心、人心與人心、照心的分別；另一
方面又堅持一心說，認爲妄心、人心與照心、道心並非兩個隔絕的實體，而
是雙方共處於「心」的統一體之中。但值得注意的是，李道純以動靜與否作
爲區分人心與道心、妄心與照心的分判標準，這與理學家以天理與人欲作爲
分判標準完全不同。

　　　「天理」與「人欲」是一對理學的重要範疇。天理，即人心的天然合理
狀態；人欲，即是私欲。其語發端於《禮記・樂記》：「人生而靜，天之性也；
感於物而動，性之欲也。物至知知，然後好惡形焉。好惡無節於內，知誘於
外，不能反躬，天理滅矣。夫物之感人無窮，而人之好惡無節，則是物至而
人化物也。人化物也者，滅天理而窮人欲者也。」

　　　宋代理學家繼承此說並予以發揮。張載開啓了宋代理學的天理人欲之
辨，他說：「上達返天理，下達徇人欲者與。」〔註19〕認爲天理與人欲是對立
的，人應該恢復天理之公而不應該徇人欲之私。程顥則說：「人心莫不有知，
惟蔽於人欲，則忘天理也。」〔註20〕認爲爲人欲所蔽，則忘天理；去欲之蔽，
則能復天理。程頤說：「甚矣欲之害人也！人之爲不善，欲誘之也。誘之而弗
知，則至於天理滅而不知反。」〔註21〕他把欲作爲一切罪惡的源頭，因此又
說：「損之義，損人欲以復天理而已。」〔註22〕朱熹也認爲應當嚴辨天理人欲，
他說：「人之一心，天理存則人欲亡；人欲勝則天理滅。未有天理人欲夾雜者。」
〔註23〕「學者須是格盡人欲，復盡天理，方始是學。」〔註24〕朱子認爲，天
理與人欲是不能同時存在的，故若想存理則必須去欲。

〔註18〕　《中和集》卷一，載《道藏》，第 4 冊，第 483 頁。

〔註19〕　《正蒙・誠明》。

〔註20〕　《語錄》卷十一。

〔註21〕　《語錄》卷二五。

〔註22〕　《伊川易傳・損卦》。

〔註23〕　《朱子語類》卷十三。

〔註24〕　《朱子語類》卷十三。

　　宋代的各位理學家都把「天理」與「人欲」截然對立起來，擡高「天理」而貶低「人欲」。他們還將「天理」作爲「道心」，將「人欲」作爲「人心」。宋代理學家程顥說：「人心惟危，人欲也；道心惟微，天理也。」〔註25〕認爲道心也就是天理，是隱微而難見的；人心也就是人欲，是危殆而不安的。朱熹也認爲：「或問人心、道心之別。曰：只是一個心，知覺從耳目之欲上去，便是人心；知覺從義理上去，便是道心。人心則危而易陷，道心則微而難著。」〔註26〕這裡的「耳目之欲」其實就是「人欲」，「義理」其實就是「天理」。正是出於這樣的認識，理學家們儘管認爲「道心」、「人心」只是一「心」，但會在不知不覺中將作爲「體」的「道心」與作爲「用」的「人心」割裂開來，從而產生重體輕用的弊端。在「道心」與「人心」的問題上，李道純正是有鑒於以「天理」、「人欲」作爲區分標準的危害，才提出了「繫乎動靜之間」的分判標準。

第三節　「動」、「靜」的相互轉化與涵攝

　　「動」、「靜」是中國哲學的一對重要範疇。「動」有行動、變動、運動等義，「靜」有安靜、靜止、不變等義。哲學上的「動」與「靜」概念的含義，比通常物理學上所講的運動、靜止的含義要寬泛得多，複雜得多。如，變易、有欲、有爲、剛健等都被納入「動」的範圍，而常則、無欲、無爲、柔順等則被納入「靜」的範圍。因此，它被廣泛地用來解釋中國古代哲學各方面的問題，包含著豐富的內容。中國古代的思想家往往從動靜的相互依存、包含或轉化等方面來探討其關係，最後才歸結爲以動爲主或以靜爲主。

　　先秦時期，最早從哲學上探討動靜問題的是老子。他提出「反者，道之動」〔註27〕的觀點，認爲事物的發展必然走向自身的反面。老子看到了動、靜之間的相互轉化：他一方面提出「夫物芸芸，各復歸其根。歸根曰靜，靜曰覆命。」〔註28〕認爲這是由動而靜的過程；另一方面提出「致虛極，守靜篤。萬物並作，吾以觀復」〔註29〕認爲這是又靜轉動的過程。在動靜關係上，

〔註25〕《語錄》卷十一。
〔註26〕《朱子語類》卷七十八。
〔註27〕《老子》第四十章。
〔註28〕《老子》第十六章。
〔註29〕《老子》第十六章。

老子相對來說更重視「靜」，故主張「靜爲躁君」〔註30〕。老子所說的「靜」，主要含義不是一般意義的「靜止」，而是無爲、無欲的自然狀態。《易傳》的動靜觀比《老子》更豐富，認爲：「剛柔相推，變在其中矣；繫辭焉而命之，動在其中矣。」「易……之爲道也屢遷，變動不居，周流六虛，上下無常，剛柔相易，不可爲典要，唯變所適。」「夫乾，其靜也專，其動也直，是以大生焉。夫坤，其靜也翕，其動也闢，是以廣生焉」〔註31〕。認爲乾坤的動靜交替，產生了萬物。相比較於《老子》，《易傳》更強調「動」的絕對性。

魏晉時期思想家對於「動靜」問題的探討，以王弼和僧肇最具特色。曹魏的王弼在解釋《老子》「歸根曰靜」時說：「凡有起於虛，動起於靜，故萬物雖並動作，卒復歸於虛靜。」〔註32〕他還說：「天地雖大，富有萬物，雷動風行，運化萬變，寂然至無是其本矣。」〔註33〕王弼認爲，「靜」是絕對的、永恒的，「動」是相的、暫時的。他進一步認爲只有以「道」之靜，才能制約物之動：「動不能制動，制天下之動者，貞夫一者也。」〔註34〕東晉佛教思想家僧肇指出，世俗之見認爲事物在流動變遷，而佛教眞諦卻認爲世界是根本不動的。這樣，就把動靜的差別完全歸結爲主觀的妄覺，從根本上抹殺了客觀世界的運動。爲調和眞俗二諦，他提出「即動求靜」說：「尋夫不動之作，豈釋動以求靜？必求靜於諸動，故雖動而常靜。」〔註35〕這種以靜爲本的理論，是佛教大乘空宗中道觀在動靜問題上的表現。

至宋代，理學家們更加注重「動靜」問題的思考，對「動靜」的依存、轉化關係有進一步的探討。周敦頤最先把動靜和太極本體結合起來：「太極動而生陽，動極而靜，靜而生陰，靜極復動。一動一靜，互爲其根。」〔註36〕他看到了動靜之間互相依存、轉化的關係。周敦頤還把動靜區分爲兩類，一類爲「動而無動，靜而無靜」的「神」的動靜，另一類爲「動而無靜，靜而無動」的「物」的動靜。其中，前一種動靜之間是相互轉化的，後一種動靜之間則是恒定不變的。

〔註30〕《老子》第二十三章。
〔註31〕《周易》繫辭。
〔註32〕《老子注》第十六章。
〔註33〕《周易注》復卦。
〔註34〕《周易略例》。
〔註35〕《物不遷論》。
〔註36〕《太極圖說》。

　　二程受學於周敦頤，受周子影響頗大。程顥提出以「定」來貫通動靜：
「所謂定者，動亦定，靜亦定；無將迎，無內外。」〔註37〕認爲理想生活是
內外合一，動靜皆定。程頤提出「動靜無端，陰陽無始」，肯定動靜的相互
轉化，並強調動的重要，他說：「先儒皆以靜爲見天地之心，蓋不知動之端
乃天地之心也。非知道者孰能識之？」〔註38〕李道純以復卦之初爻作爲天地
之心，顯然是受到了程頤的影響。

　　朱熹發揮了周敦頤和二程的思想，較爲明確地肯定了動靜既相互對立又
相互包含、轉化的辯證關係。他說：「動靜二字，相爲對待，不能相無。……
若不與動對，則不名爲靜；不與靜對，則亦不名爲動矣」〔註39〕又說：「陰靜
之中，自有陽之根；陽動之中，又有陰之根。」〔註40〕他還認爲動靜「循環
錯綜，不可以先後始終言。」〔註41〕朱熹還接受了周敦頤兩種動靜類型的區
分，並推導出靜者爲主，動者爲客，即「靜即太極之體也，動即太極之用也」
〔註42〕等以靜爲根本的觀點。

　　可以看出，宋代的理學家們一方面把「天理」與「人欲」截然對立起來，
主張「存天理，滅人欲」；另一方面卻把「動」與「靜」看作是既相互對立又
相互包含、轉化的範疇，主張「一動一靜，互爲其根」。在區分「道心」與「人
心」時，若以「天理」、「人欲」作爲標準，就自然而然地會產生重體輕用的
弊端；若以「動」、「靜」作爲標準，則有助於達到「體用兼而合道」的目標。
李道純之所以以「動」、「靜」而不是以「天理」、「人欲」作爲區分「道心」
與「人心」的標準，原因就在這裡。

　　李道純的動靜觀，既是對宋代理學的動靜思想的融攝，也是對道教《清
靜經》動靜思想的發展。《太上老君說常清靜經》曰：「夫道者，有清有濁，
有動有靜。天清地濁，天動地靜。男清女濁，男動女靜。降本流末，而生萬
物。清者濁之源，動者靜之基。人能常清靜，天地悉皆歸。」該經認爲，「道」
有清、靜與動、濁這兩種存在狀態，其中清、靜爲本（體）而動、濁爲末（用），
二者的相互作用與轉化就產生了世間的萬事萬物。人若能保持常清常靜的狀

〔註37〕《答橫渠先生書》。
〔註38〕《程氏易傳》。
〔註39〕《朱文公文集·答胡廣仲》。
〔註40〕《朱子語類》卷九十四。
〔註41〕《朱子語類》卷九十四。
〔註42〕《朱子語類》卷九十四。

態，就可以認識和利用自然規律爲自己服務。

　　李道純闡述其動靜觀的文獻主要有《中和集》的《畫前密意·動靜第四》和《動靜說》以及《太上老君說常清靜經注》等文獻。李道純的動靜觀表現在多個方面，他說：「剛柔推蕩，易之動靜；陰陽陟降，氣之動靜；奇偶交重，卦之動靜；氣形消息，物之動靜；晝夜興寢，身之動靜。至於身之進退，心之起滅，世之通塞，事之成敗，皆一動一靜互相倚伏也。觀其動靜，則萬事之變、萬物之情可見矣。」〔註43〕

　　李道純的動靜觀首先建立在宇宙生成論的基礎之上，他說：

　　　　鴻濛未判，動靜之理已存；清濁既分，動靜之機始發。清而升者，曰天；濁而降者，曰地。天地一闔闢、一陰陽，互動互靜，機緘不已，四時成焉，百物生焉。天地之性人爲貴，人於物之最靈。男法天，女法地，男清女濁，即天地陟降也。男動女靜，即天地闔闢也。天地氤氳，萬物化生，降本流末，生生化化而無有休息。太上始言，無形、無情、無名，天地之始。次言有動有靜，謂有名，萬物之母也。若復有人知此兩者，同出異名，則知清濁本一，動靜不二。流雖濁而其源常清，用雖動而其體常靜。清靜久久，神與道俱，與天地爲一。〔註44〕

李道純認爲動靜之理是先天而存的，動靜之機則是後天而發的。正是由於動靜的相互作用才產生了萬事萬物。清與靜爲道之體，濁與動爲道之用，都是道的不同存在形式。李道純還把動靜之理以「易理」的形式表現出來，他說：

　　　　太極動而生陽，動極而靜，靜而生陰，一陰一陽，兩儀立焉。○者兩儀也，○者，陽動也，○者，陰靜也。陰陽互交而生四象。○者，四象動而又動曰老陽，動極而靜曰少陰，靜極復動曰少陽，靜而又靜曰老陰。四象動靜而生八卦。乾一兌二，老陽動靜也；離三震四，少陰動靜也；巽五坎六，少陽動靜也；艮七坤八，老陰動靜也。陰逆陽順，一升一降，機緘不已，而生六十四卦，萬物之道至是備矣。〔註45〕

　　李道純將《周易》中的卦爻作爲動靜變化的標誌：首先，以陽爻作爲動

〔註43〕　《中和集》卷一，載《道藏》，第 4 冊，第 485 頁。

〔註44〕　《太上老君說常清靜經注》，載《道藏》，第 17 冊，第 141 頁。

〔註45〕　《中和集》卷一，載《道藏》，第 4 冊，第 483 頁。

的符號，以陰爻作爲靜的符號；其次，以老陽象徵「動而又動」，以少陰象徵「動極而靜」，以少陽象徵「靜極復動」，以老陰象徵「靜而又靜」；再次，以乾、兌、離、震、巽、坎、艮、坤分別象徵老陽、少陰、少陽、老陰的動靜。由於在運動方向上「陰逆」與「陽順」的不同，故產生了陰陽的交互作用。《周易》六十四卦揭示了宇由陰陽交互的規律。

李道純認爲，所謂「靜」並不是絕對的不動，而是靜中有動，動中有靜，動靜是相互轉化的。他說：

> 所謂靜者，非不動，若以不動爲靜，土石皆可聖也。《通書》云：動無靜，物也。是謂動中之靜，眞靜也。立冬後閉塞而成冬，謂靜也。日月星辰運行而不息，謂之不動可乎？冬至日閉關示民，以靜待動也。是動中有靜，靜中有動，變化之機也。靜極而動天心可見矣。〔註46〕

> 太上云：「致虛極，守靜篤，萬物並作吾以觀其復。」此言靜極而動也。「夫物芸芸，各復歸其根，歸根曰靜，是謂覆命。」此言動極而復靜也。又云：「覆命曰常。」此言靜一動，動一靜，道之常也。苟以動爲動，靜爲靜，物之常也。先賢云：「靜而動，動而靜，神也。動無靜，靜無動，物也。」其斯之謂歟！〔註47〕

李道純贊同周敦頤關於動靜的思想，認爲「靜」有兩種：一種是動靜絕對分離的「物」的動靜；一種是動靜相互轉化的「神」的動靜。前者爲不動之靜；後者爲動中之靜，即「眞靜」。「道」運化的規律就是由靜而動，再由動而靜，如此循環往復不已。只有動中有靜，靜中有動，才能產生變化之機。

呂錫琛教授認爲，李道純動中含靜、靜中含動的思想與明清之際思想家王船山動靜相含的樸素辯證法思想十分相似；船山丹法很可能與李道純中派亦有密切聯繫，因爲二者在動靜觀這一修煉宗旨上十分一致。二者所不同的是，李道純的動中含靜、靜中含動主要是一種內丹修煉的思想，而王夫之則將其上升爲一種反映物質運動普遍規律的哲學思想，更加具有理論的深度和普遍性。〔註48〕

〔註46〕 《全眞集玄秘要》，載《道藏》，第 4 冊，第 532 頁。
〔註47〕 《中和集》卷四，載《道藏》，第 4 冊，第 505 頁。
〔註48〕 《李道純綜合南北的心性修煉理論與實踐》，載《道家道教與湖南》，嶽麓書社，2000 年。

筆者非常認同呂教授的觀點。王夫之動靜不離的思想，其實也有與李道純不同的地方。兩人同樣主張動靜相含，但李道純以靜爲根本，王夫之以動爲根本。船山說：「太極動而生陽，動之動也；靜而生陰，動之靜也。廢然無動而靜，陰惡從生哉？一動一靜，闔闢之謂也。由闔而闢，由闢而闔，皆動也。」〔註49〕他又說：「太虛者，本動者也，動以入動，不息不滯。」〔註50〕認爲整個宇宙永遠運動著，沒有靜止之時。所謂靜，也只是動的一種狀態，即「靜者靜動，非不動也。」〔註51〕認爲運動是絕對的、根本的，靜止是相對的、派生的。

第四節　「損→艮→復→無妄」的工夫進路

李道純認爲，儘管宇宙的動靜是千變萬化的，但萬變不離其宗，天地的動靜變化可以由我虛靜的心來反映和統攝。他說：「天動地靜，我得總持。萬物之眾，統之則一。」〔註52〕又說：「虛則無礙，靜則無欲，虛極靜篤，觀化知復。」〔註53〕這樣，李道純就把對天地之動靜的宇宙論探討轉化爲對人心之動靜的心性論思考。

然而，「虛極靜篤，觀化知復」與「天動地靜，我得總持」這樣的情況只有在理想狀態下才能呈現；在現實狀態中，人們往往如《清靜經》中所描寫，「煩惱妄想，憂苦身心，便遭濁辱，流浪生死，常沈苦海，永失眞道。」。李道純認爲：

> 妄心不止，生種種差別因緣。至於涉穢途，觸禍機，落陰趣，未有不始於妄心也。學道之士，固當謹始。始若不謹，焉得有終？妄念始萌，不自知覺，神爲心役，心爲物牽，縱三尸之熾盛，爲六欲之攏攘，豈得不著物耶？著物之故，貪求心生；既生貪求，即是煩惱。妄想種種相緣，無由解脫。至於憂苦身心，便遭濁辱，流浪生死，常沈苦海，永失眞道，良可悲哉！所以妄想之心，輪迴之根本也。眾生所以不得眞道者，爲妄想心不滅所以然也。〔註54〕

〔註49〕　《船山思問錄》。

〔註50〕　《周易外傳》卷六。

〔註51〕　《船山思問錄》。

〔註52〕　《無上赤文洞古眞經注》，載《道藏》，第2冊，第715頁。

〔註53〕　《中和集》卷一，載《道藏》，第4冊，第484頁。

〔註54〕　《太上老君說常清靜經注》，載《道藏》，第17冊，第142頁。

為了消除妄心達到真心，並進而應天下無窮之變，李道純在《太上老君說常清靜經注》中借鑒了《周易》的義理之學，提出了「損→艮→復→無妄」的心性工夫進路。

首先，李道純參照損卦之卦義，提出了「以道治欲」主張，他說：

> 有道之士，常以道制欲，不以欲制道。以道制欲，神所以清，心所以靜。至道與神氣混混淪淪，周乎三才，萬物應變而無窮，至廣大，盡精微矣。苟以欲制道，失道者也。失道之士，欲心一萌，無所不至，權利牽於外，念慮煎於內，心為物轉，神為心役。心神既不清靜，道安在哉？常能制欲，則歸心不動；歸心不動，則自然澄澄湛湛，絕點翳純清，復其本然，清靜之大矣，何欲之有？《易傳》云：山下有澤，損，君子以懲忿窒欲。其斯之謂歟？〔註55〕

李道純以損卦之「懲忿窒欲」的卦義來形象的說明以道制欲的必要性。他認為，只有以道制欲，才能使心神清靜，才能從容應對外界的變化，把「極體」與「利用」兩個向度結合起來。相反，若以欲制道，則心為權利、雜念等外物所左右，就不能夠作自己的主人。

其次，李道純比附艮卦的卦辭，對於「忘物我」的絕欲原則作出了說明：

> 絕欲之要，必先忘物我。忘物我者，內忘其心，外忘其形，遠忘其物。三者既忘，復全天理，是名大，即艮止之義也。《易》云：艮其背，不獲其身，行其庭，不見其人，無咎。艮其背，即內觀其心，心無其心也；不獲其身，即外觀其形，形無其形也；行其庭，不見其人，即遠觀其物，物無其物也。無咎，即無欲也。太上云：咎莫大於欲得，即此義也。至於物欲見空，則清靜之天復矣。〔註56〕

李道純提出的「忘物我」的絕欲原則，就是在主觀意識中消除主體與客體的存在。主體、客體既然都沒有了，對於主體、客體的執著也就消失了。在這裡，李道純還用「忘物我」的思想把《周易》的艮卦卦辭與《清靜經》作出了會通。「忘物我」實際上用的是「減法」的工夫，故李道純說：「得之一字，亦是強名。若謂實有所得，則不足以為道。」〔註57〕「此一法出於無法，洞觀冥契，是名上士也。」〔註58〕用「減法」的工夫達到「洞觀冥契」，這與老

〔註55〕 《太上老君說常清靜經注》，《道藏》第 17 冊，第 141 頁。
〔註56〕 《太上老君說常清靜經注》，載《道藏》，第 17 冊，第 141～142 頁。
〔註57〕 《太上老君說常清靜經注》，載《道藏》，第 17 冊，第 142 頁。
〔註58〕 《太上老君說常清靜經注》，載《道藏》，第 17 冊，第 142 頁。

子「爲學日益，爲道日損」的思想是一致的。

接著，李道純說明內心之「靜」並非絕對不動的「空」，而是有體有用，有顯有微，在靜中暗藏著向動轉化的可能性。這實際上是融攝了《周易》復卦之卦義，他說：

> 攸攸萬事不是空，一以貫之，終歸元物，此遣欲之要也。以空遣欲，欲既不生，和空亦無。空既無矣，無亦無也。無無既無，湛然寂然，湛寂亦無，是名眞靜。湛然常寂者，凝神入空寂也。寂無所寂者，融神出空寂也。所謂眞靜，非不動也。若以不動爲靜，則是有定體也。有定體則不足以應變，所以眞常應物，眞常得性者，動而應物，而眞體不動也。作如是見者，常應常靜，常清靜矣。〔註59〕

> 寂然不動爲體，感而遂通爲用，是名眞靜。至於體用一源，顯微無間，眞常之道得矣。〔註60〕

> 次言有動有靜，謂有名，萬物之母也。若復有人知此兩者，同出異名，則知清濁本一，動靜不二。流雖濁而其源常清，用雖動而其體常靜。〔註61〕

> 《易》云：「復其見天地之心。」且復卦，一陽生於五陰之下。陰者靜也，陽者動也，靜極生動，只這動處便是「玄關」也。汝但於二六時中，舉心動念處著工夫，玄關自然見也。〔註62〕

李道純認爲「空」只是遣欲的手段，在欲望消除後，「空」也應該拋棄。在「凝神入空寂」之後，一定要「融神出空寂」。若一直陷在絕對的空寂之中，就否定了變動的可能性，自然也就無法應變了。所謂「眞靜」並非絕對不動，而是在靜中蘊含了動的可能性，在動中又能不失其本。體爲「寂然不動」，爲靜；用爲「感而遂通」，爲動。「眞靜」就是「寂」和「感」兩方面的統一，就是靜極生動的瞬間。因此，對於「眞靜」，就只能在動靜的轉換過程中尋找。靜極生動的過程，用《周易》卦象來表示，就是復卦。

李道純一方面以靜作爲動的基礎，另一方面以動作爲靜的樞機。他說：「靜時有存，動則有察；靜時有主，動則可斷；靜時有定，動罔不吉。靜者，

〔註59〕　《太上老君說常清靜經注》，載《道藏》，第 17 冊，第 142 頁。
〔註60〕　《太上老君說常清靜經注》，載《道藏》，第 17 冊，第 142 頁。
〔註61〕　《太上老君說常清靜經注》，載《道藏》，第 17 冊，第 141 頁。
〔註62〕　《中和集》卷三，載《道藏》，第 4 冊，第 498 頁。

動之基；動者，靜之機。動靜不失其常，其道光明矣。」〔註63〕在《清庵瑩蟾子語錄》卷一中保留了一段李道純師徒關於心性問題的問答：「師曰：主中主，賓中賓，賓中主，主中賓。諸人作麼會？眾皆不解此機。詹宰曰：身外身是主中主，夢中夢則賓中賓，情中性是賓中主，性中情是主中賓。師曰：較些子。〔予〕答曰：我惟有我，他又去說他，他來使我，我又役他，即此意也。師曰：未徹在。答曰：又心外無心主中主，念中起念賓中賓，未動先覺賓中主，動後方覺主中賓。師曰：不若以動靜言之最親切。靜中極靜主中主，動而又動賓中賓，動中守定賓中主，靜中散亂主中賓。」〔註64〕在這裡，李道純把靜作為「主」（體），把動作為「賓」（用），把人心的動靜問題歸結為四種情況，即體用皆靜、體用皆動、體靜用動、體動用靜。很顯然，李道純最崇尚的是體靜用動的「動中守定」。

最後，李道純以《周易》無妄卦象徵經過工夫修養後所達到的最高境界。他說：

> 惟悟道者，照心常存。照破種種緣相皆是妄幻，勿令染著。照心既存，妄心無能為也。久久純熟，決定證清靜身。作是見者，真常之道得矣。所謂照心者，即天心也。真常者，即無妄也。了悟此心，則有妄之心復矣，無妄之道成矣。無妄之所以次復也。《易》曰：復其見天地之心乎？到這裡纖芥幽微，悉皆先照。至於如如不動，了了常知，至覺至靈，常清常靜，真常之道至是盡矣。聖人之能事畢矣！〔註65〕

李道純認為，最高的真常境界可以用無妄卦表示，因為在此照心常存的境界下，妄心已不能夠再掀起任何波瀾了。在《周易》的卦序中，復卦後所接的正是無妄卦。在真常境界中，人的心靈可以到至覺至靈，從而洞悉宇宙的一切隱顯變化。

如前文所述，李道純以動靜作為區分人心與道心的標準，故其「損→艮→復→無妄」的心性工夫進路，也自始至終貫穿了對動靜的把握。「損」者，懲忿窒欲也。忿、欲即妄心，其特點是危殆而不安，故須「常滅妄心」，「損」就是對「妄心」之動的限制。其「艮」者，忘心、形、物而復全天理也。天

〔註63〕《中和集》卷一，載《道藏》，第 4 冊，第 485 頁。
〔註64〕載《道藏》第 23 冊，第 737 頁。
〔註65〕《太上老君說常清靜經注》，載《道藏》，第 17 冊，第 143 頁。

理即照心，其特點是微妙而難現，故須「不滅道心」，「艮」就是對「照心」之靜的培育。「復」者，一陽生於五陰之下，靜極生動也。鑒於以不動為靜，則有定體而難以應變，所以必須再由靜轉動，「復」就是由靜轉動的樞紐。「無妄」者，「如如不動，了了常知，至覺至靈，常清常靜。」以內靜而應外動，將「極體」與「利用」的向度有機地結合起來。

李道純在《中和集》開篇對於經過心性工夫修養後的最終境界進行了概括：「蓋人心靜定未感物時，湛然天理，即太極之妙也。一感於物，便有偏倚，即太極之變也。苟靜定之時謹其所存，則天理常明，虛靈不昧，動時自有主宰，一切事物之來俱可應也。靜定工夫純熟，不期然而自然至此，無極之真復矣，太極之妙應明矣，天地萬物之理悉備於我矣。」〔註 66〕李道純把心的靜稱為「太極之妙」，把心的動稱為「太極之變」，認為人若能把靜的工夫修養到家，就可以內靜而應外動，從而從容應對外界的變化。

李道純在《全真集玄秘要》中還進一步把個人的「一身清靜」，推廣為社會的「多身清靜」和自然界的「一切清靜」。他說：

> 老子所謂清淨為天下正。《大學》云：定而後靜。人生以靜者，天性也，若復有人以靜立基，向平常踐履處攝動心，除妄情，息正怤，養元精，自然於寂然不動中，感通於萬物也。恁麼則靜亦靜，動亦靜。動而應物其體常靜，是謂真靜。真靜久久則明妙，明妙而後瑩徹，瑩徹而後靈通，瑩徹靈通十方無礙，是謂至清靜也。心清淨則身清淨定矣，一身清淨則多身清淨，多身清淨則山河大地一切清淨，一切清淨則天下將自正。〔註67〕

李道純主張以靜立基，在平常履踐處用工夫，則可達到「寂然不動，感而遂通」的真靜境界。在此基礎上，將自己的「一身清靜」向外推廣為社會的「多身清靜」和自然界「山河大地一切清靜」。李道純的這一工夫進路與《大學》中八條目的工夫進路（格物、致知、誠意、正心、修身、齊家、治國、平天下）頗為一致，由此可以看出儒學對於李道純的影響之深。

〔註66〕《中和集》卷一，載《道藏》，第 4 冊，第 482～483 頁。
〔註67〕載《道藏》，第 4 冊，第 533 頁。

第五章　李道純會通三教的理論嘗試

　　三教合一是中國思想史上特有的現象。長期以來，儒、釋、道三教在中華文明這一共同的文化生態系統中，建立了既相互鬥爭，又相互融合的特殊關係。三教合一的「一」，可以有三重涵義：首先，是三教在源頭上是同根的；其次，是三教在義理上是相通的；最後，是三教在教化的作用上是一致的。

　　道教在其歷史發展過程中，一方面保持了對傳統的長生成仙信仰的追求，另一方面則融攝了儒、釋兩教的倫理和心性理論。道教的三教合一思想，隨著不同歷史時期文化生態系統的變化而呈現出不同的特點，大致可分為三個階段，即漢魏兩晉的吸收期、南北朝隋唐的辯難期和宋以後的融合期。

　　道教創始於東漢末年。此時，受漢武帝「罷黜百家，獨尊儒術」的政策，儒學早已成為官方倡導的顯學；佛教也已於公元前後傳入中國。漢魏兩晉時期，道教剛剛成立不久，其教理、教義還尚顯稚嫩，對儒、釋兩教進行模仿、借鑒和引用，就成為順理成章的事情。在成書於東漢時期的早期道教經典《太平經》和《老子想爾注》中，即已經開始了對於儒家思想的吸收，將道家的「道」賦予了忠、孝、仁、義等道德內涵。東晉的葛洪在寫作《抱朴子》時也兼採儒、道。東晉南北朝的道教變革，在充實教義和完善戒規儀式上，也受到佛教很大的影響。東晉楊羲造作《眞誥》，已開吸收佛教經義的先例。到晉宋之際，許多新出道經，更是大量吸收佛教的名詞和義理。

　　在南北朝隋唐時期，隨著道教的宗教形式逐漸成熟以及佛教在中國的逐漸站穩腳跟，二者的相互辯難、攻擊逐漸增多。從文化本位主義出發，道教往往與儒家聯合，共同以夷夏之辨來質疑佛教的教理、教義。出於辯論的需要，道教思想家需要尋找到三教共同的理論平臺。因此，三教的爭辯反而為

三教理論上的融合創造了條件。道教重玄學,以採用佛教的思辨方法和詞旨發揮老莊哲學,可稱老莊哲學在佛學影響下的道、佛融合的產物。道教重玄學派對於儒、釋思想的融攝,已不再像早期道教那樣將其教理、教義、戒律等直接斷章取義地拿來為我所用,而是代之以思維方式的借鑒和思想體系的融會貫通。

宋金時期,儒、釋、道三教都把心性問題作為關注的核心理論問題。這使得三教融合成為這一時期的文化思潮。在宋金時期出現的新道派中,同為丹鼎派的金丹派南宗和全真道提倡明心見性、性命雙修,在融攝儒、釋理論上最具特色。金丹派南宗的祖師張伯端正是在融合三教的基礎上建立了自己性命雙修、先命後性的內丹修煉理論,而南宗的五祖白玉蟾對於三教也有頗深的造詣;全真派的開創者王重陽更以 「三教從來一祖風」而立派。金元時期的新道派對於儒、釋二教理論的援引,是為其闡述性命雙修的內煉實踐服務的,故工夫論的成分明顯較之前代更多。由於是從工夫實踐的需要出發,此一時期新道派對於三教理論的融合,就顯得更具有實際意義。

李道純是元代道教中融合三教最具特色的代表人物。在其最重要的著作《中和集》以及《清庵瑩蟾子語錄》中,均有多處涉及到三教同玄思想。另外,他注解的經典也涵蓋了三教,其中包括:道教的《道德經》、《陰符經》、《太上大通經注》、《太上升玄消災護命妙經注》、《太上老君說常清靜經注》、《無上赤文洞古真經注》、《讀〈周易參同契〉》等多部,佛教的《般若心經》,理學的《太極圖說》。通過對這些文獻的解讀,我們可以瞭解李道純的三教同玄之旨。

李道純在討論「致中和」的概念時,不僅僅是援儒入道,更融攝了儒、釋、道三教的義理,認為「中」為三教的一貫之道。李道純會通三教的心性理論的提出,既是對歷史上三教合一思想的合乎邏輯的發展,也是對宋元之際中華文化陷入空前的生存危機所作出的應對方案。

第一節　三教一貫之道

李道純在《詠儒釋道三教總贈程潔庵》一文中,對三教的義理進行了總結。儒家義理包括:格物致知、正心誠意、人心惟危、道心惟微、惟精惟一、允執厥中、窮理盡性、以至於命、忠恕而已、復見天心、知周萬物、退藏於

密、常慎其獨、一以貫之、復歸於無極；釋教義理包括：二身一體、三心則一、消礙悟空、顯微無間、不立有無、戒定慧、無有定法、虛徹靈通、眞如覺性、常樂我靜、朝陽補破衲、對月了殘經、金剛經塔；道教義理包括：清靜無爲、無上至眞、眞元妙用、損之又損、三返晝夜、一得永得、抽添鉛汞、玄牝之門、出群迷徑、入希夷門、多言數窮、不如守中、九轉神丹、可道非常道。〔註1〕從中可以看出，李道純對於三教的義理均有非常深入的瞭解。

　　在三教的諸多義理中，李道純把「中」作爲三教的一貫之道。他說：「中是儒宗，中爲道本，中是禪機。這三教家風，中爲捷徑，五常百行，中立根基。動止得中，執中不易，更向中中認細微。其中趣、向詞中剖露，愼勿狐疑。」〔註2〕他還對三教之「中」進行了解釋：「釋云：『不思善，不思惡，正恁麼時，那個是自己本來面目？』此禪家之中也。儒曰：『喜怒哀樂未發，謂之中。』此儒家之中也。道曰：『念頭不起處，謂之中』此道家之中也。此乃三教所用之中也。」〔註3〕三教所論之「中」，儘管表述不同，但都是就「體」而言，指心未發時的湛然寂滅與萬緣頓息的本然狀態。李道純以「中」會通三教，是從內丹煉養的實踐出發的。

　　李道純所謂的「中」，乃是人心的靜定狀態。故他也以「靜定」作爲三教一貫之旨。在《中和集》開篇說：「釋曰圓覺，道曰金丹，儒曰太極，所謂『無極而太極』者，不可極而極之謂也。釋氏云：『如如不動，了了常知』，《易・繫》云：『寂然不動，感而遂通』，丹書云：『身心不動以後，復有無極眞機』，言太極之妙本也。是知三教所尙者靜定也，周子所謂『主於靜者』是也。蓋人心靜定未感物時，湛然天理，即太極之妙也。一感於物，便有偏倚，即太極之變也。」〔註4〕李道純在論述三教一貫之道時，仍然貫徹了他的「中和」體用原則：「如如不動」、「寂然不動」、「身心不動」、「未感物」、「太極之妙」爲未發之體；「了了常知」、「感而遂通」、「無極眞機」、「感於物」、「太極之變」爲已發之用。

　　在李道純的眼中，佛教的「圓覺」、道教的「金丹」、儒家的「太極」都不過是指人心在「靜定」狀態下眞性元神呈現的狀態。他曾解釋說：「金者堅

〔註1〕《清庵瑩蟾子語錄》卷六，載《道藏》，第23冊，第759～761頁。
〔註2〕《中和集》卷六，載《道藏》，第4冊，第516～517頁。
〔註3〕《中和集》卷三，載《道藏》，第4冊，第498頁。
〔註4〕《中和集》卷一，載《道藏》，第4冊，第482頁。

也，丹者圓也，釋氏喻之爲『圓覺』，儒家喻之爲『太極』，初非別物，只是本來一靈而已。本來眞性，永劫不壞，如金之堅，如丹之圓，愈煉愈明。釋氏曰○，此者眞如也，儒曰，此者太極也，吾道曰○，此乃金丹也，體同名異。」〔註5〕無論是禪宗的圓相，還是理學宗師周敦頤的《太極圖》，抑或是道教陳摶的《無極圖》，都以「○」來表示本體，故李道純又以「○」作爲三教一貫之道。

李道純有時候又以「虛」作爲統攝三教之旨，他說：「爲仙爲佛與爲儒，三教單傳一個虛。亙古亙今超越者，悉由虛裏做工夫。學仙虛靜爲丹旨，學佛潛虛禪已矣。扣予學聖事如何，虛中無我明天理。」〔註6〕「虛」本爲道家、道教的範疇，李道純以「虛」統攝三教，明顯具有道教本位的色彩。

其實，無論是「中」、「虛」、還是「○」、「靜定」，都是指眞性元神。李道純認爲「性」即是金丹：「是知大丹者，眞性之謂也。」〔註7〕這樣的認識使得道教內丹學與理學、禪宗在心性論上具有了對話的平臺，也使得三教一貫之道的確立成爲可能。李道純認爲三教之所以不能合一，是因爲不明金丹之旨：「三教殊途，不能合一，蓋因不知其源也。余今以金丹造化秘要述成三十五頌，明彰至理，直指異名。」〔註8〕

第二節　對周敦頤《太極圖說》的援引

李道純對儒家學說的援引，以中和思想和太極圖思想爲核心。李道純借助「中和」的義理框架爲其闡述「體用兼而合道」的宗旨服務，這在前文已經作出過論述。現主要討論李道純對周敦頤《太極圖說》思想的融攝。李道純著作中論述《太極圖說》的篇章主要有：收錄於《中和集》卷一的《太極圖》、《太極圖頌》，收錄於《全眞集玄秘要》的《太極圖解》。

周敦頤是宋代理學的開山鼻祖，他的思想綱領及精粹主要體現在《太極圖說》中。早在《易傳》中即已有「易有太極，是生兩儀，兩儀生四象，四象生八卦」的說法，周敦頤將之與《老子》中「道生一，一生二，二生三，三生萬物」理論一起融入了《太極圖說》中，藉以建構其宇宙生成論。他說：

〔註5〕《中和集》卷三，載《道藏》，第4冊，第497頁。
〔註6〕《中和集》卷四，載《道藏》，第4冊，第506～507頁
〔註7〕《全眞集玄秘要》，載《道藏》，第4冊，第528頁。
〔註8〕《清庵瑩蟾子語錄》，載《道藏》，第23冊，第757頁。

「無極而太極。太極動而生陽，動極而靜。靜而生陰，靜極復動。一動一靜，互為其根。分陰分陽，兩儀立焉。陽變陰合，而水火木金土五氣順布，四時行焉。」〔註9〕在周敦頤的眼中，宇宙的生成經歷了由無極到太極，又由太極到陰陽，再由陰陽再到五行的過程，最後由五行的生剋制化而產生自然界的運動變化。

李道純對於道（太極）生萬物的理解與周敦頤完全一致，他說：「中○者，『無極而太極』也。太極動而生陽，動極而靜，靜而生陰，一陰一陽，兩儀立焉。……陰逆陽順，一升一降，機緘不已，而生六十四卦，萬物之道至是備矣。」〔註10〕在這裡，太極是宇宙的本體，宇宙的萬物都是由太極派生的。

然而，李道純作為一名道教內丹家，又賦予了「太極」、「兩儀」概念以內丹學的涵義。他說：「《易》曰：『易有太極，是生兩儀。』太極者，虛無自然之謂也。兩儀者，一陰一陽也。陰陽，天地也。人生於天地之間，是謂三才，三才之道，一身備矣。太極者，元神也。兩儀者，身心也。以丹言之，太極者，丹之母也；兩儀者，真鉛、真汞也。」〔註11〕在這裡，李道純把「太極」從原有的宇宙生成論的範疇轉化為內丹心性論的範疇，用以指代真性元神；並以「兩儀「指代身心。李道純還將《太極圖說》中的「五行」作了身體意義上的規定：「以身言之，身心立而精炁流行，五臟生而五神具矣。天一生水，精藏於腎也；地二生火，神藏於心也；天三生木，魂藏於肝也；地四生金，魄藏於肺也；天五生土，意藏於脾也，五行運動而四端發矣。」〔註12〕將五行中的水、火、木、金、土，分別作為腎、心、肝、肺、脾的代稱。

周敦頤的太極圖本是受到陳摶無極圖的啓發而作。二圖在圖形上比較接近，都有一個○，作為太極的象徵，下面是表示陰陽結合的圈，再下面有五行的圖示，再後面又有兩個○。但是，二者在致思方向上存在明顯不同：陳摶的無極圖是從下向上看，著重講內丹工夫論，體現了由用而體的「逆則成仙」的向度；周敦頤的太極圖則從上向下看，著重講宇宙生成論，體現了由體而用的「順生萬物」的向度。筆者以為，「無極」與「太極」均指宇宙和人心的本然狀態，但「無極」是就「極體」而言的，「太極」是就「利用」而言的。

〔註 9〕《太極圖說》，載《周子通書》，上海古籍出版社，2000 年，第 2 頁。
〔註10〕《中和集》卷一，載《道藏》，第 4 冊，第 483 頁。
〔註11〕《中和集》卷三，載《道藏》，第 4 冊，第 497 頁。
〔註12〕《全真集玄秘要》，載《道藏》第 4 冊，第 530 頁。

故陳摶講「脫胎求仙」，以「無極圖」稱之；周敦頤講「生化萬物」，以「太極圖」稱之。

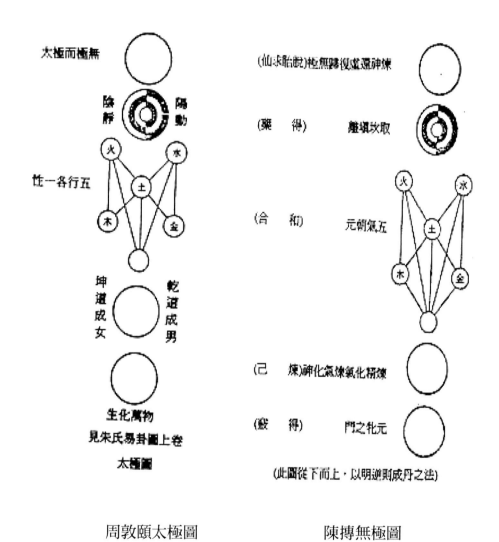

周敦頤太極圖　　　　　陳摶無極圖

　　李道純則對理學的生成論與道教內丹學的工夫論進行了有機結合，將太極圖和無極圖所體現的「順」、「逆」這兩個向度統一起來：「上○者，氣化之始也；下○者，形化之母也。知氣化而不知形化，則不能極廣大；知形化而不知氣化，則不能盡精微。故作頌而證之。」〔註13〕在這裡，「形化」也就是「順」

〔註13〕《全真集玄秘要》，載《道藏》第 4 冊，第 531 頁。

的向度，「氣化」也就是「逆」的向度。李道純認爲只有把順、逆兩個向度結合起來，才能同時成就「廣大」和「精微」。

李道純太極圖

一方面，李道純認爲：「無極而太極即虛化神也。」「有神則有感，神感動而生炁，即動而生陽也。炁聚而生精，即動極而靜，靜而生陰也。精化而有形，即靜極而復動也。精炁相生性命立，身心判矣。炁運乎心，天道所以行也；精主乎身，地道所以立也。是知身心即兩儀也，陽變陰合而生水火木金土，五行順布四時行也。」〔註14〕將「無極而太極」與「順則生人」的虛化神、神化炁、炁生精的過程聯繫在一起。

另一方面，李道純又說：「返本則合乎元虛，故曰：太極本無極也。修煉之士，運炁回還，周而復始，惟神不變，由其不變故運化無窮，攢簇五行者，神也。會合陰陽者，亦神也。神本虛也。煉精化炁，煉炁化神，煉神還虛謂之返本還元。還元者，復歸於無極。」〔註15〕將「太極本無極」與內丹學「逆則成仙」的「煉精化炁，煉炁化神，煉神還虛」的修煉次第結合在一起。

李道純對於順、逆問題的理解又是與體用問題相聯繫的。他說：「言其體，則五行同一太極；言其用，則五行各具一太極也。言其體返本還元也，言其用設施之廣也。體者逆數也，用者順數也，逆數知其所始，順數知其所終。……逆順相須，則始終不二；顯微無間，則性理融通，是謂體用兼而合

〔註14〕 《全眞集玄秘要》，載《道藏》第 4 冊，第 530 頁。
〔註15〕 《全眞集玄秘要》，載《道藏》第 4 冊，第 530～531 頁。

道也。」〔註16〕李道純爲達到「體用兼而合道」，在「極體」和「利用」之間建構了一個雙向迴環的過程，從而解決了「極體」和「利用」的矛盾。李道純的太極圖以○表示太極，正是爲了說明「動靜無端、陰陽無始」的天道雙向迴環的過程。

李道純對《太極圖說》的援引是爲闡述其內丹學的「極體利用」之道服務的，故與周敦頤的立意不盡一致。周敦頤認爲，在萬物生成和演化過程中，「無極」是「太極」無有極至的表現，「無極」就是「太極」。他將自然宇宙觀同儒家的仁義說的結合起來，以天道立人道，來展現聖人貫通性命與天道的道德生命。與之相比較，李道純的「無極」是就極體的向度而言的，「太極」是就利用的向度而言的。他將宇宙生成說與道教的內丹學結合起來解釋《太極圖說》，藉以體現「極體」與「利用」的統一。

第三節　對禪宗明心見性之旨的援引

李道純除了援儒儒道之外，還援引了佛教的心性思想。內丹學在形成過程中即已吸收了禪宗的思想，無論是南宗的先命後性學說，還是北宗的先性後命理論，都已融會了禪宗的心性之學。李道純對禪宗明心見性理論與方法的融攝，仍然是爲其「極體利用」之道服務的。他在內丹修煉次第上主張「先持戒定慧而虛其心，後煉精氣神而保其身。」〔註17〕其中，「虛其心」體現了「極體」的向度，「保其身」體現了「利用」的向度。

李道純認爲道教的脫胎與佛教的涅槃就「極體」的向度而言並無分別，他說：「涅槃與脫胎，只是一個道理。脫胎者，脫去凡胎也，豈非涅槃乎？如道家煉精化氣，煉氣化神，煉神還虛，即抱本歸虛，與釋氏歸空一理，無差別也。」〔註18〕道教的歸虛、還虛與佛教的歸空都以眞性的呈現爲目標，因此，二者在這一過程中是可以會通的。故李道純說：「以禪宗奧旨引證，觀是書而熟玩其旨，曲求其旨，自然絕物我之殊，無異同之見也。」〔註19〕

李道純著有《心經直指》。他注解「般若波羅密多心經」爲「大智慧到彼岸」，希望借助《心經》這一「見性法門」，闡述其「極體」之旨。他認爲《心

〔註16〕 《全眞集玄秘要》，載《道藏》第 4 冊，第 531 頁。
〔註17〕 《中和集》卷四，《道藏》，第 4 冊，第 503 頁。
〔註18〕 《中和集》卷三，《道藏》，第 4 冊，第 496 頁。
〔註19〕 《清庵瑩蟾子語錄》卷六，《道藏》，第 23 冊，第 756 頁。

經》全文，「自起初一句，至末後一句，都不出一個空字。」〔註20〕但李道純在《心經直指》中，仍然對「利用」的向度作了發揮：「所謂無無明盡者，只是無明不起也。若盡無無則落頑空矣！丹書云：息念爲養火，此之謂也。無明者，生死之根本，丹書云：念頭起處爲玄牝，玄牝之門是謂天地根。豈非生死之根本乎？」〔註21〕認爲修行中若只重「極體」則容易落於頑空，故在「極體」之後，應以「念頭起處」作爲動靜轉換的樞紐，實現由「極體」向「利用」的過渡。

自馬祖道一之後，禪宗經常運用機鋒棒喝等手段幫助弟子開悟。爲了使眾弟子更準確地理解自己的思想，李道純在傳道授業的過程中，借鑒了禪宗的教法，這種教法在《清庵瑩蟾子語錄》中隨處可見。他有時會以手中木杖開示：「升座上香祝語畢，師舉拄杖云：道本無言，予亦不會多說，借這拄杖子，有時在予手中爲體，有時在予手中爲用，橫按拄杖云：是體是用？良久又云：用則撐天拄地，這條拄杖神通莫測，妙用難量。」〔註22〕在這裡，李道純以木杖兼喻體用，仍然是爲其表現「極體利用」之道服務的。相比較而言，在極體與利用之間，李道純更強調「利用」的「神通莫測」、「妙用難量」。

李道純有時又以手中拂塵說法：「今日既升座，借這拂子代吾說法，這個拂子不是拂子，是惹鬧，何以故？才拈起來便是翻祖師疑，便瞎眾人眼，便要尋訂鬪，這個拂子通身都是口；這個拂子通身都是手；這個拂子通身都是眼；這個拂子神通莫測，變化無窮。豎起云：看有眼也無？敲一敲云：聽有耳也無？擲下拂子云：咦！有神通也無？侍者拈拂子與師，師曰：即此用離此用。良久又云：山河大地都在這拂子頭上，森羅萬象都在這拂子頭上，三賢十聖都在拂子頭上，盡大地人都在這拂子頭上。搖拂子云：大眾莫有不在拂子頭上底麼？便請出來相見，黃居士出云：雷發一聲驚霹靂，震動滿天星斗寒。上啓吾師如何是一陽消息？師打圓象云：會麼？黃曰：會。身中一陽又作麼生？師振拂子喝一聲。黃曰：直下承當。」〔註23〕在這裡，李道純以拂塵作爲眞性之喻，眞性有體有用，其用「神通莫測，變化無窮」。他以振拂塵比喻眞性的由體轉用、由靜轉動的過程。

〔註20〕　《三天易髓》，《道藏》，第 4 冊，第 526 頁。
〔註21〕　《三天易髓》，《道藏》，第 4 冊，第 526 頁。
〔註22〕　《清庵瑩蟾子語錄》卷三，《道藏》，第 23 冊，第 742 頁。
〔註23〕　《清庵瑩蟾子語錄》卷三，《道藏》，第 23 冊，第 743 頁。

　　李道純還仿照禪宗公案的形式，製作了大量道教公案，以明內丹修煉之旨。其弟子問「寶瓶裏面養金鵝」如何解釋，李道純回答說：「寶瓶裏面養金鵝，水中金也。爐中丹也。養金鵝，則是養聖胎也。聖胎成，如瓶中鵝子也。瓶破鵝出，世俗之常理也。鵝出而瓶不破，此脫胎之妙也。」〔註24〕在這裡，他將「寶瓶養金鵝」這段禪宗公案轉換爲內丹修煉的理論，將聖胎比喻爲金鵝，養聖胎比喻爲養金鵝，寶瓶比喻爲身體，脫去凡胎、煉神還虛比喻爲「鵝出而瓶不破」。

　　李道純一方面將岑和尚二鼠侵藤、文殊菩薩得女子定、兩僧捲簾、夾山法身、洞山寶鏡、趙州狗子有無佛性、三昧五位顯訣等現成的禪宗公案，以道教義理進行解釋，使之轉化爲道教公案；一方面又以《周易》、《老子》、《論語》中的語句，創作新的道教公案。比如李道純在《道德會元》中解釋老子之「道」時說：「道之可以道者，非眞常之道也。夫眞常之道，始於無始，名於無名。擬議即乖、開口即錯。設若可道，道是甚麼？即不可道，何以見道？可道又不是，不可道又不是，如何即是？若向這裡下得一轉語，參學事畢。其或未然，須索向二六時中，興居服食處，回頭轉腦處校勘這令巍巍地、活潑潑地、不與諸緣作對底是個什麼？校勘來校勘去，校勘到校勘不得處，忽然摸著鼻孔，通身是汗下，方知道這個元是自家有的，自歷劫以來不曾變易。」〔註25〕在這裡，李道純以「道」作爲參究的話頭，認爲「道」是形而上的存在，難以用形而下的語言文字加以說明，只能通過智的直覺才能把握。這種參悟的方式，與臨濟宗的「看話禪」頗爲類似。要參悟公案，須先產生疑情，於日日參究而不得的過程中，便可以轉識成智，實現頓悟。

　　李道純在《道德會元》中還創作了大量偈頌。他作偈頌的目的，是使人明白老子的道德之意與禪宗的明心見性之旨可以相互參同。如他在注釋《道德經》第六十三章時，作頌曰：「說易非容易，言難卻不難，個中奇特處，北斗面南看。」〔註26〕李道純認爲，悟道是一件說容易不容易說難又不難的事情；由於道的形上特徵，對道的把握不能以外在的邏輯的方式實現，只能通過內心的智的直覺。

　　李道純雖然援引禪宗明心見性的理論和方法，但其立論的宗旨與禪宗並

〔註24〕《清庵瑩蟾子語錄》卷一，《道藏》，第 23 冊，第 734 頁。
〔註25〕《道德會元》卷上，《道藏》，第 12 冊，第 644 頁。
〔註26〕《道德會元》卷下，《道藏》，第 12 冊，第 655 頁。

不完全一致。禪宗以明見自心本性、當下直超圓頓作爲其心性修養的最終目標，這實際上只以「極體」爲目標。李道純則反對落於「頑空」，強調「虛極靜篤」之後的「觀化知復」，這實際上是主張「極體」與「利用」的統一。

第六章　李道純有爲、無爲交替爲用的修煉理論

內丹修煉理論是李道純「極體利用」思想的重要組成部份。李道純認爲，欲達到「極體利用」的最高目標，就必須通過內丹修煉的實踐。在內丹修煉的過程中，李道純主張交替運用有爲法和無爲法，這其實也是「體用」思想的體現。李道純還把「玄關」看作是體、用之間轉換的通道。

自唐末、五代至北宋初年，內丹學在道教修煉方術中開始佔據統治地位。著名內丹家崔希範、鍾離權、呂洞賓、陳摶、劉操、施肩吾、陳樸、譚峭等高道以內丹學傳功度人，使內丹功法趨於成熟和完善。各派丹家多認鍾、呂爲開山祖師。傳說鍾離權得丹訣傳呂洞賓，呂洞賓傳劉海蟾、麻衣道者、施肩吾、何昌一、張中孚等。陳摶字圖南，自號扶搖子，賜號「希夷先生」，得麻衣道者所傳鍾呂丹法，隱居華山，著《指玄篇》並傳《無極圖》，奠定了「順則生人，逆則成丹」的還丹原理和「煉精化炁，煉炁化神，煉神還虛」的基本步驟。

內丹學南宗以張伯端爲開山祖師。張伯端（987～1082年）又名用成，字平叔，號紫陽眞人，天台人，著《悟眞篇》，將《周易參同契》的內丹秘訣公諸於世。張伯端傳石泰，石泰傳薛道光，薛道光傳陳楠，陳楠傳白玉蟾，被後世尊爲南宗五祖。南宗丹法與北宗相較，在性命雙修的前提下較重命功，其丹法先修命後修性。

北宗創自金代全眞教祖王重陽。王重陽（1112～1170年）名喆，字知明，號重陽子，陝西人，於甘河鎭上遇異人授丹訣。後王重陽東遊山東半島傳道，

收馬鈺、譚處端、劉處玄、丘處機、王處一、郝大通、孫不二等七大弟子。王重陽所創北宗丹法爲禪道結合的清修法訣，先性功後命功，重在性功。

李道純的中派丹法是對南北兩宗丹法的融合與發展。在丹法上，南宗主張「先命後性」，北宗主張「先性後命」。那麼，李道純是如何在丹法上把這兩種看似相反的埋路結合在一起的呢？先後有很多學者闡述了自己的觀點。王沐認爲，李道純既主張先性後命，又主張漸法、頓法二途，故與南宗相異，與北宗亦不相同。〔註1〕卿希泰主編的《中國道教史》認爲，李道純堅持性命雙修，不失南宗本色，主張先性後命，則是吸取全眞丹法的結果。〔註2〕任繼愈主編的《中國道教史》則將李道純的內丹修煉程序歸結爲：由命而性，由性再到命，往復循環。〔註3〕李大華認爲，李道純在丹功上一方面不破壞南宗的傳統，依然堅持煉精化氣、煉氣化神、煉神還虛的三個層次，另一方面又把初煉性功作爲了煉精化氣的起始，具有全眞北宗的特色。〔註4〕

李道純以「極體利用」爲宗旨的工夫論，不僅表現在心性修養論上，更表現在性命雙修的內丹修持理論上。《身內本元爲體用》云：「自家身內有天然種子，向外求之者，謬矣。身內元精金丹之用也，心中元氣金丹之體也。」〔註5〕在這裡，李道純以心中元氣作爲金丹之體，而以身內元精作爲金丹之用。在內丹學中，心中元氣爲性，身內元精爲命，而性與命其實又是心與身的另一種表達。故在李道純的認識中，以性命言之，就是以性爲體，以命爲用；以身心言之，就是以心爲體，以身爲用。

在李道純的內丹學體系中，有爲與無爲是交替運用的，有爲可以了命，是「利用」向度的體現，而無爲可以了性，是「極體」向度的體現。在李道純關於三要件的理論中，體現了有爲與無爲原則的交替運用。在李道純最具特色的玄關理論中，玄關爲體用、動靜、內外轉換的通道，可以統攝未發、已發，從而合體用而爲一。

〔註1〕王沐：《李道純之道統及其它》，原載《船山學報》，1986 年第 2 期；後收入王沐著：《內丹養生功法指要》，東方出版社，1990 年 5 月，第 23～26 頁。

〔註2〕卿希泰主編《中國道教史》修訂本，四川人民出版社，1996 年 12 月，第 367頁。

〔註3〕任繼愈主編：《中國道教史》增訂本，中國社會科學出版社，2001 年 9 月，第722 頁。

〔註4〕李大華：《李道純學案》，齊魯書社，2010 年 1 月，第 18 頁。

〔註5〕《清庵瑩蟾子語錄》卷五，載《道藏》第 23 冊，第 751 頁。

第一節 無爲了性，有爲了命

內丹修持是以傳統的精氣神學說爲指導，進行性命的修煉。「命」指的是精氣，「性」是指心神。性命雙修，也就是精氣神合煉。李道純謂：「煉丹之要，只是性命兩字，離了性命便是旁門，各執一邊謂之偏枯。」〔註6〕內丹學對人的性命二字探討最爲深刻，並以性命雙修爲基本工夫，因之也稱性命之學。內丹學的性命之學和儒學空談性理的學說不同，它以煉神爲修性，以煉養精氣爲修命，實際上是一種關於人體的生命科學。在煉丹過程中，性是精神基礎，命是物質基礎。內丹學包括了性命學說的基本內容，應屬於哲學和自然科學的交叉學科。

金丹南北兩派均以神氣爲性命。南宗五祖白玉蟾認爲：「神是性，氣是命。」〔註7〕由於精爲氣所化，故精也是命。全眞北宗祖師王重陽在《立教十五論》中說：「性者神也，命者氣也。」〔註8〕他進一步解釋：「神氣是性命，性命是龍虎，龍虎是鉛汞，鉛汞是水火，水火是嬰姹，嬰姹是陰陽，眞陰眞陽是神氣。種種異名，皆不用著，只是神氣二字。」〔註9〕丘處機在《大丹直指》中指出：「金丹之秘，在於一性一命而已。性者，天也，常潛於頂。命者，地也，常潛於臍。頂者，性根也。臍者，命蒂也。一根一蒂，天地之元也，祖也。」這裡暗示了修性的下手處在頭部的祖竅，修命的下手處在肚臍附近的下丹田。

李道純既爲南宗白玉蟾的再傳弟子，又以全眞道人自居。他繼承了南北二宗的傳統，非常重視對於性命問題的探討。收錄於《中和集》卷四的《性命論》集中闡述了其性命思想：

> 夫性者，先天至神一靈之謂也；命者，先天至精一氣之謂也；精與性命之根也。性之造化繫乎心，命之造化繫乎身。見解智識出於心也，思慮念想心役性也，舉動應酬出於身也，語默視聽身累命也。命有身累，則有生有死；性受心役，則有往有來。是知，身心兩字，精神之舍也；精神乃性命之本也。〔註10〕

所謂「性」指的是先天的眞性元神，而「命」則是指先天的精氣。性功的修

〔註6〕《中和集》卷三，載《道藏》，第4冊，第502頁。
〔註7〕《海瓊傳道集》，載《道藏》，第33冊，第150頁。
〔註8〕載《道藏》，第32冊，第154頁。
〔註9〕載《道藏》，第32冊，第154頁。
〔註10〕《中和集》卷四，載《道藏》，第4冊，第503頁。

持有賴於對神的調攝，命功的修持則須依靠對精氣的煉養。然而在現實狀態下，人的心靈會被各種外緣幻相所纏縛，無法展現自己的虛靜本性；人的身體往往要被各種舉動應酬所牽引，不能成為自己的主人。身心乃是精神的載體，而精神又是性命的源泉。於是，煉心以顯性，修身以保命，就成為一種生命的需要。

　　李道純進一步論述了性與命之間的關係，並糾正了在性命問題上的認識偏差。他說：

　　　　性無命不立，命無性不存，其名雖二，其理一也。今之學徒，
　　緇流道子，以性命分為二，各執一邊，互相是非，殊不知孤陰寡陽
　　皆不能成全大事。修命者不明其性，寧逃劫運；見性者不知其命，
　　末後何歸。仙師云：煉金丹不達性，是修行第一病；只修真性不修
　　丹，萬劫英靈難入聖。〔註11〕

李道純把性與命看作是相互依存的辯證關係，以一方的存在以另一方的存在為前提。但在現實中，人們往往把性與命的關係割裂開，或執於性，或執於命。李道純批評了「修命者不明其性」與「見性者不知其命」這兩種錯誤傾向，並在此基礎上，提出了性命兼達的修煉原則：

　　　　高上之士，性命兼達，先持戒定慧而虛其心，後煉精氣神而保
　　其身，身安泰則命基永固，心虛澄則性本圓明，性圓明則無來無去，
　　命永固則無死無生，至於混成圓頓、直入無為、性命雙全、形神俱
　　妙也。〔註12〕

在修煉目標上，李道純主張「性命兼達」，對於「命基永固」和「性本圓明」同樣重視；在修煉次第上，李道純則融合了全真北宗的「先性後命」與金丹派南宗的「先命後性」理論。

　　「先持戒定慧而虛其心」，應是就築基階段而論的。築基是內丹術的準備階段，主要包括三個方面的內容：首先，是行為、道德方面的修養。包括棄除不正的行為、習氣、嗜好，按一定的道德規範約束自己的言行，並積極奉行利人濟世的善事。其次，是心意方面的鍛鍊。丹書中所說有收心、止念、存心、內視、調神燈，無非是鍛鍊對自己意念、心理活動的自控能力，降服意馬心猿，達到能長時間專注於一境。最後，童體已破之人，須做補益精氣

〔註11〕《中和集》卷四，載《道藏》，第 4 冊，第 503 頁。
〔註12〕《中和集》卷四，載《道藏》，第 4 冊，第 503 頁。

的工夫，使自己達到青年人的健康水平。在築基工夫中，以戒定慧來涵養道德、調節心理是非常重要的內容。唯有築基完成，才能夠開始進入修煉精、炁、神的階段。正是在此意義上，全真北宗認為內丹修煉應按先性後命的順序進行。

「後煉精氣神而保其身」，應是就三關修煉而言的。三關，指煉化精、炁、神的三個階段。初關為煉精化炁，因一般需百日才能成功，又稱「百日關」。中關煉炁化神，因一般需十月才能成功，又稱「十月關」。上關煉神還虛，一般說需要九年才能成功，又稱「九年關」。丹家往往把煉精化炁、煉炁化神兩個階段稱為命功階段，把煉神還虛階段稱為性功階段。金丹派南宗所謂「先命後性」應該是就三關修煉的程序而言的。

李道純儘管主張「先持戒定慧而虛其心，後煉精氣神而保其身」，但作為南宗弟子，他其實並未背離南宗「先命後性」的修煉次第，他說：「一、煉精化炁：初關有為，取坎填離。二、煉炁化神：中關有無交入，乾坤闔闢。三、煉神還虛：上關無為。」〔註13〕李道純貫穿三關修煉的核心概念為「有為」與「無為」；命功修煉以有為為主，性功修煉則純任無為。用清代內丹家劉一明在《周易闡真》中的說法，就是「無為了性，有為了命」。

無為，指修煉中不強調意念、呼吸、內氣運行等，而順其自然者。也就是強調不使意識作用於其間，使其返於天之自然，而合造化之妙諦。這實際上就是以元神用事，體現了「極體」的向度。「有為」，指有意識地按要求、按步驟、按層次進行修煉。這實際上就是以識神用事，體現了「利用」的向度。內丹術是一種有意識的自我鍛鍊，在內煉過程中，無為與有為通常是交替為用的，無為只能限於修煉過程中某一階段、某一情況的掌握或替換。但眾多修行者往往更重視無為的作用而忽視有為的作用，故張伯端在《悟真篇》中提示說：「始於有作無人見，及至無為眾始知。但見無為為要妙，豈知有作是根基。」

第二節　內丹修煉的三要件理論

鼎爐、藥物、火候為內丹學三要件。顯然，三要件的提出，是受到外丹學的影響。

〔註13〕《中和集》卷二，載《道藏》，第4冊，第488頁。

內丹學的鼎爐用以指代人體中煉丹的處所。煉內丹要積精累炁，就必須在人體中假設爐鼎。藥物起止之處為爐，升上之處為鼎。鼎爐有大、小之分。煉精化炁用大鼎爐，其鼎在泥丸宮，爐在下丹田；煉炁化神用小鼎爐，鼎在黃庭中宮，爐在下田炁穴。

藥物，在內丹修煉中指人體中的精、氣、神，也稱為人體的「三寶」，不僅有先後天之分，還可互相轉化。後天的精，是指通常意義的精液。先天的精，是在無為狀態下自然而然本能地產生的生命能量。後天的氣指呼吸之氣；先天的氣為元炁、真氣，寫作「炁」，指一種高度有序的能量流和軀體活力。後天的神為思慮之神，稱識神；先天的神稱元神，呈一種極清醒的無思維狀態。

內丹學的火候指煉丹時意念及呼吸運用的程度。其中意念為「火」，呼吸為「風」。煉丹時急運稱武火，緩運稱文火，停住吹噓稱沐浴。火候之妙在於真意的運用，用意緊則火燥，用意緩則水寒。丹家用十二消息卦表示十二時火候，有進陽火、退陰符之分，以卦又株兩計算呼吸次數。

李道純在其著作中，對於內丹學的三要件理論也作了探討，其中滲透了對於有為與無為原則的具體運用。

一、論爐鼎

鼎爐乃是以外丹術語比喻煉藥的處所。清修派諸家關於鼎器的說法主要有心腎為鼎爐、玄牝為鼎爐、黃庭氣穴為鼎爐、乾坤為鼎爐等幾種說法。李道純對於鼎爐的界定也有多種：在漸法三乘中，下乘以身心為鼎爐，中乘以乾坤為鼎爐，上乘以天地為鼎爐；最上一乘，以太虛為鼎，太極為爐。〔註14〕

李道純以乾坤為鼎爐，實際上就是以身心為鼎爐。他說：「或問：何謂鼎爐？曰：身心為鼎爐。丹書云：『先把乾坤為鼎器，次搏烏兔藥來烹。』乾心也，坤身也。今人外面安爐立鼎者，謬矣。」〔註15〕在這裡，李道純以身心為鼎爐，秉承了張伯端對鼎爐的理解，同時，批評了陰陽派丹法對鼎爐的理解。

李道純還談到安爐立鼎的方法：「乾宮真金謂之鼎，坤宮真土謂之爐，鼎

〔註14〕參見《中和集》卷二，《道藏》第 4 冊，第 491～492 頁。
〔註15〕《中和集》卷三，載《道藏》，第 4 冊，第 500 頁。

用乾金鑄，爐須坤土包，身心端正後，爐鼎自堅牢。」〔註16〕他把「身心端正」作爲爐鼎堅固的前提，這就與「煉己築基」的作用聯繫了起來。

築基爲丹道的入手工夫，又稱「煉己」，其主要目標是鍛鍊對自己心理活動的控制能力。由於意屬土，與十天干中的「己」相配，故把對意念的鍛鍊稱爲「煉己」。另外，築基還可以通過不斷地積精累炁而補足全身生理機能的虧損，並初步打通任督和三關的徑路，直至氣通、全身經絡通暢，達到精滿、氣足、神旺，爲進入三關修煉作準備。

二、論藥物

外丹學以鉛、汞爲原料，來煉製金丹。內丹學雖以精、炁、神爲藥物，但也仿傚外丹學模式，稱人的煉丹之本爲「眞鉛眞汞」。張伯端《金丹四百字》云：「身中有一點眞陽之炁，心中有一點眞陰之精，故日二物。」其中，眞陽之炁即「眞鉛」，指元精、元炁；眞陰之精即「眞汞」，指元神。李道純有時會以身、心指代「眞鉛」、「眞汞」：「眞鉛眞汞，身心是也。聖師云，身心兩個字，是藥物也。」〔註17〕

李道純在《登眞捷徑》中論述了關於眞鉛、眞汞的問題，他說：「鉛汞者，不是凡鉛、黑錫、朱砂、水銀，是自己身中本來二物也。強名藥物，二物感合之妙，故喻之爲鉛汞。蓋鉛性好飛，汞性好走，鉛見汞不飛，汞見鉛不走。身中藥物亦復如是，要見藥麼？咦！雲起南山與北山。」〔註18〕眞鉛產於腎，眞汞產於心。腎五行屬水，方位爲北方；心五行屬火，方位爲南方；山爲艮卦的象徵，而艮爲「止」義，故李道純以「雲起南山與北山」說明了兩種藥物在人身的各自產生之處，即眞鉛產於身（腎）的不動，眞汞產生於心的不動。在沒有經過修煉的情況下，眞鉛與眞汞這兩種藥物是彼此分離的，並都處於易飛、易走的不穩定狀態。唯有經過修煉，兩種藥物才能變爲「感合之妙」的穩定結構。

李道純還談了眞鉛、眞汞的來源：「乾卦 ☰，中一畫交坤成 ☵，坎水是也。中一畫本是乾金，異名『水中金』，總名至精也，至精固而復祖炁。祖炁者，乃先天虛無眞一之元炁，非呼吸之炁。如乾 ☰中一畫交坤成坎了，卻交

〔註16〕《清庵瑩蟾子語錄》卷六，載《道藏》，第 23 冊，第 758 頁。
〔註17〕《中和集》卷二，載《道藏》第 4 冊，第 492 頁。
〔註18〕《清庵瑩蟾子語錄》卷六，載《道藏》，第 23 冊，第 756 頁。

坤中一陰入於乾而成離☲，離中一陰本是坤土，故異名曰『砂中汞』是也。」
〔註19〕在這裡，李道純以「乾坤生六子」的易理解釋了元精與元神產生的根源。據《說卦傳》載，八卦中的乾、坤兩卦分別爲父、母，震、坎、艮分別爲長、中、少三男，巽、離、兌分別爲長、中、少三女，三男三女這六卦均爲乾、坤兩卦交合的結果。包括李道純在內的內丹家認爲，精藏於坎卦中間的陽爻，而這一陽爻又是由乾之中爻交坤而成，而坎爲水、乾爲金，故元精又稱「水中金」；元神藏於離卦中間的陰爻，而這一陰爻又是由坤之中爻交乾而成，而離爲火、坤爲土，故元神由稱「砂中汞」。

　　內丹學認爲後天的坎、離二卦是由先天的乾、坤二卦中間的陰、陽兩爻互換位置造成的。內丹學要從後天返回先天，就必須變離爲乾，變坎爲坤。因之丹功修煉要求將坎卦中的陽爻再抽回來，塡入離卦中陰爻的位置上，使之回覆到先天乾卦的純陽之體，內丹家稱之爲「取坎塡離」，又稱「抽鉛添汞」。這也就是張伯端所說「取將坎位中心實，點化離宮腹裏陰。從此變成乾健體，潛藏飛躍盡由心」〔註20〕李道純認爲「所謂抽添者，抽有餘而補不足是也。」〔註21〕又曰：「身不動氣定謂之抽，心不動神定謂之添。」〔註22〕在清淨丹法中，以離、坎二卦分別爲心、腎的代號。這樣，取坎塡離術在小周天中實際上是指心液下降、腎炁上升；在大周天中指消陰煉陽、炁定神純。

　　李道純以乾坤爲先天，以坎離爲後天。其煉藥的根本宗旨在於通過「抽坎添離」的過程而由後天返先天。乾坤與坎離之先天與後天的關係，也可以歸結爲體與用、常與變的關係。乾坤交合而生坎離，體現了由體轉用、由常轉變的「順生」的向度；抽坎添離而恢復乾坤之體，則體現了由用轉體、由變轉常的「逆歸」的向度。

　　藥物不僅可以用鉛、汞分類，還可以以內、外區別。「外藥」是在煉精化炁中所採的元精、元炁，即「眞鉛」。「內藥」則指心中元神，即「眞汞」。外藥、內藥其實只是眞鉛、眞汞的另一種說法。李道純在《中和集》卷二繪有「內藥圖」與「外藥圖」，他對於內外藥的作用，有著深刻的認識：「外藥可以治病，可以長生久視。內藥可以超越，可以出有入無。……外藥了命，內

〔註19〕《中和集》卷二，《道藏》第 4 冊，第 488 頁。

〔註20〕《悟眞篇》卷三。

〔註21〕《清庵瑩蟾子語錄》，卷六，載《道藏》第 4 冊，第 23 冊，第 756 頁。

〔註22〕《中和集》卷三，載《道藏》第 4 冊，第 493 頁。

藥了性。二藥全，形神俱妙。」〔註23〕命功以外藥爲基礎，性功以內藥爲基礎，若能內外藥兼煉，便可以達到性命雙修、心身俱妙。

李道純關於內藥與外藥的煉採方法，也體現了無爲與有爲原則的不同運用，他說：「凡學道，必先從外藥起，然後自知內藥。高上之士，夙植德本，生而知之，故不煉外藥，便煉內藥。內藥無爲無不爲，外藥有爲有以爲。內藥無形無質而實有。外藥有體有用而實無。外藥，色身上事。內藥，法身上事。」〔註24〕他認爲，普通人學道應該以有爲法從外藥的煉起；天賦秉異之人則可以以無爲法從內藥煉起。因爲外藥爲色身上事，普通人往往容易把握；內藥爲法身上事，只有高上之士才能讓其顯現。

外藥又有大、小之分；元精初生爲「小藥」；在經過煉精化炁煉養過程之後，元精在下丹田昇華、凝聚爲炁團，稱爲「大藥」。在大藥生成時，由於心寂神定，故內藥也往往相伴而生。對於小藥與大藥的採煉，李道純也作出了論述：「初關，煉精化氣。先要識天癸生時急採之。中關，煉氣化神。調和眞息，周流六虛。自太玄關逆流至天谷穴交合，然後下降黃房入中宮。乾坤交媾罷，一點落黃庭。」〔註25〕採小藥，重在把握時機，要在元精初生時立即採取，否則就會有元精遺失的危險；採大藥，要在調和眞息的基礎上，以意念引導藥物作小周天的河車運行。

李道純非常重視採藥時把握時機的重要性，他說：「所謂時者，一陽時也。今人多指子時爲一陽時，非也。但著在時辰上都不是，若云無時，亦非也。豈不聞呂眞人云：煉己待時，又不聞紫陽眞人云：鉛見癸生須急採。經中道：時至神知。以此窮之，便知道身中癸生，便是一陽時也。且道如何是癸生時？咦！行到水窮處，坐看雲起時。」〔註26〕這裡，實際上涉及到了採取藥物的「活子時」概念。

「活子時」是與「正子時」相對的概念。在一天中，「正子時」是一陽來復的時辰。但李道純所說的「一陽時」乃是指「身中癸生」的「活子時」，只要人能夠達到虛極靜篤的境界，無論何時人體都會呈現出陽氣發動之象。活子時來臨之時，要及時採藥，以防大藥的走失。這也就是紫陽眞人所說「鉛

〔註23〕《中和集》卷二，載《道藏》第 4 冊，第 488 頁。
〔註24〕《中和集》卷二，載《道藏》第 4 冊，第 488 頁。
〔註25〕《中和集》卷二，載《道藏》第 4 冊，第 488 頁。
〔註26〕《清庵瑩蟾子語錄》卷六，載《道藏》，第 23 冊，第 756 頁。

遇癸生須急採，金蓮望遠不堪嘗。」〔註27〕這裡的「癸生」，就是是「一陽生」，以一陽生於五陰下的復卦作爲象徵。李道純還借用王維的山水詩作比喻，以「水窮」比喻念慮的消退，以「雲起」比喻陽氣的生發。顯然，「一陽生」的出現，有賴於修煉者對無爲原則的貫徹；採此「一陽」則需要用有爲法。

有時，李道純還會以內藥、外藥分別指稱先天藥物與後天藥物：「內藥，先天至精、虛無空炁、不壞元神；外藥，交感精、呼吸炁、思慮神。」〔註28〕但這種分類方法在其理論中並不具有普遍意義。

三、論火候

火候，即內丹修煉中掌握意念和呼吸的運用程度。火候歷來是內丹修煉最關鍵的要素。古人有「聖人傳藥不傳火，從來火候少人知」之說。在煉精化炁階段，火候的要點是文火、武火、沐浴、六候等。文火，指用意輕微柔和；武火，指用意較重，適合在採藥及昏沉時使用；沐浴，指在小周天運轉過程中，呼吸之間換氣時，小作停頓，撤除意念，休息念慮；六候，指把小周天運行分爲生藥、採藥、卯沐、進升、酉浴、退降六節。

清代內丹學家朱元育說：「真火者，我之神；真候者，我之息。以火煉藥而成丹，即是以神馭氣而證道也。火候之秘，只在其意。大約念不可起，念起則火燥；意不可散，意散則火冷。必須一念不起，一意不散，待其動靜，察其寒溫，此修持行火之候也。」〔註29〕火候其實是標誌有爲法與無爲法運用的程度。由於意念的運用程度很難用語言說清楚，故內丹家往往借助於周易卦爻象的陰陽消長來進行描述。李道純在其著作中先後以多種方式闡明內丹火候。

1、乾坤兩卦的爻辭

李道純在《火符直指》以乾坤兩卦共十二爻的爻辭來揭示內丹火候之秘。中以內丹火候解說乾坤兩卦的爻辭：

「**潛龍勿用**：一陽生，宜守靜，常存誠心正定。咦！龍得潛藏勿宜輕進。**見龍在田**：鼓巽風，進火功，刹那間滿爐紅。是麼？見龍在田光遍虛空。**終日乾乾**：天地交，陰陽均，汞八兩鉛半斤。呵呵！姹女斂伏嬰兒仰承。**或躍**

〔註27〕《悟真篇》，卷一。
〔註28〕《中和集》卷二，載《道藏》第 4 冊，第 488 頁。
〔註29〕《悟真篇闡幽》卷中。

在淵：水制火，金剋木。到斯時宜沐浴。或躍在淵，存中謹焉。**飛龍在天**：五氣朝，三花聚，木金交鉛汞住。吽！飛龍在天，雲行雨致。**亢龍有悔**：體純乾，六陽備。便住火莫擬議。住！若不持盈，亢龍有悔。**履霜至冰**：始生陰，莫妄行，牢執捉謹守城。仔細！防微杜漸，履霜至冰。**直方大**：逢六二，漸漸退，陰正中陽伏位。！煙雨濛濛，不習自利。**含章可貞**：白雪凝，黃芽生，牢愛護莫馳情，收！陽爐固濟，含章可貞。**括囊無咎**：汞要飛，鉛要走，至斯時宜謹守，啊！把沒底囊括結其口。**黃裳元吉**：群陰盡，丹道畢，至精凝元炁息，咄！收拾歸中黃裳元吉。**龍戰於野**：陰既藏，陽再生，到這裡再堤防，小心！若逢野戰其血玄黃。」〔註30〕

從李道純對爻辭的解釋來看，乾卦由初九到上九，其總的趨勢是逐漸由靜轉動，爲「進陽火」的過程；坤卦由初六到到上六，其總的趨勢是逐漸由動轉靜，爲「退陰符」的過程。乾坤兩卦爻辭所反映的陰陽消長關係，與十二辟卦有異曲同工之妙。

2、十二辟卦

「辟」是君主的意思，言此十二卦總統餘卦。用十二個卦配十二個月，每一卦爲一月之主，是謂「十二辟卦」。這十二卦是：復、臨、泰、大壯、夬、乾、姤、遯、否、觀、剝、坤。十二辟卦，也叫十二消息卦。在一個卦體中，凡陽爻去而陰爻來稱爲「消」；陰爻去而陽爻來稱「息」。「十二消息卦」實際上就是由「乾」、「坤」二卦各爻的「消」「息」變化而來的。

十二辟卦

李道純繼承了前輩丹家以《周易》論火候的傳統。他說：

〔註30〕《三天易髓》，載《道藏》第 4 冊，第 524～525 頁。

進火退符，無以取則，遂以一年節候、寒暑往來以為火符之則。
又以一月盈虧，以明抽添之旨。且如冬至一陽生，復卦；十二月二
陽，臨卦；正月三陽，泰卦；二月四陽，大壯卦；三月五陽，夬卦；
四月純陽，乾卦。陽極陰生，五月一陰，姤卦；六月二陰，遯卦；
七月三陰，否卦；八月四陰，觀卦；九月五陰，剝卦；十月純陰，
坤卦。陰極陽生，周而復始，此火符進退之機。……此聖人誘喻，
初學勿錯用心。奈何執著之徒，不窮其理，執文泥像，徒爾勞心。
余今直指與汝，身中癸生，便是一陽也。陽升陰降，便是三陽也。
陰陽分是四陽，體二月，如上弦，比卯時，宜沐浴，然後進火，陰
陽交，神氣合，六陽也。陰陽相交，神氣混融之後，要識持盈，不
知止足，前功俱廢。故曰：『金逢望遠不堪嘗。』然後退符，象一陰。
乃至陰陽分，象三陰。陰陽伏位，宜沐浴，象八月，比下弦，如酉
時也。然後退至六陰，陰極陽生，頃刻之間一周天也。〔註31〕

李道純於《中和集》卷二繪有《火候圖》。王婉甄曾參考《三天易髓》之《儒
曰太極·火符直指》，對其火候法度進行了整理。〔註32〕現摘錄如下：

	爻　辭	月	日	時	火候	說　　明
復	初九潛龍勿用	十一	初一	子	起火	一陽生，宜守靜，常存誠，心正定。
臨	九二見龍在田	十二	初三	丑	進	鼓巽風，進火功，剎那間，滿爐紅。
泰	九三終日乾乾	正	初六	寅	徐進	天地交，陰陽均，汞八兩，鉛半斤。
壯	九四或躍在淵	二	初八	卯	沐	水制火，金剋木，到斯時，宜沐浴。
夬	九五飛龍在天	三	十一	辰	遇	五氣朝，三花聚，木金交，鉛汞住。
乾	上九亢龍有悔	四	十四	巳	止	體純乾，六陽備，便住火，莫擬議。
姤	初六履霜至水	五	十六	午	退	始生陰，莫妄行，勞執捉，謹守城。
遯	六二直方大	六	十八	未	退	逢六二，漸漸退，陰正中，陽伏位。
否	六三含章可貞	七	二十	申	徐退	白雪凝，黃芽生，勞愛護，莫持情。
觀	六四括囊無咎	八	廿三	酉	浴	汞要飛，鉛要走，至斯時，宜謹守。
剝	六五黃裳元吉	九	廿六	戌	守中	群陰盡，丹道畢，至精凝，元氣息。
坤	上六龍戰于野	十	廿八	亥	戰	陰既藏，陽再生，到這裡，再堤防。

〔註31〕《中和集》卷三，載《道藏》第 4 冊，第 498～499 頁。
〔註32〕《李道純道教思想研究》，臺灣淡江大學碩士論文，1999 年。臺灣花木蘭文化
　　　　出版社，2008 年 9 月，第 96 頁。

　　李道純指出，初學者對於十二消息卦的運用不應該「泥文執象」，而應該把握其「誘喻」之義。他還認爲，身中產藥的時候，便是一陽初生的「活子時」。他說：「採鉛消息難形筆舌，達者觀『雷在地中，復，先王至日閉關，商旅不行，後不省方』之語，思過半矣。」〔註33〕以後，從復至乾爲息卦，從下往上陽爻逐漸增加，陰爻逐漸減少，表示陽氣逐漸增強，陰氣逐漸減弱；從姤至坤爲消卦，從下往上陰爻逐漸增加，陽爻逐漸減少，表示陰氣逐漸增強，陽氣逐漸減弱。李道純說「煉炁之要，貴乎運動，一闔一闢、一往一來、一升一降，無有停息。始者用意，後則自然。一呼一吸，奪一年之造化。即太上云：『玄牝之門，是爲天地根，綿綿若存，用之不勤。』正此義也。達者若於乾坤易之門，與夫復、姤之內上留意，煉氣之要備矣。」〔註34〕李道純把「復」卦作爲由陰轉陽、由靜轉動的「玄關」，把「姤」卦作爲由陽轉陰、由動轉靜的「玄關」。從復卦開始逐漸加大「用意」，以進陽火；從姤卦開始，逐漸減小「用意」回歸自然，以退陰符。陽火主進，陰符主退，陰陽消息，循環不已。

3、六十卦火候

　　李道純還曾以除乾、坤、坎、離四正卦之外的其它六十卦作爲說明火候的符號。他說：

> 乾坤坎離爲匡廓，六十卦運化於其中，始於屯蒙，終於既未，以爲火符之則，丹書以乾坤爲鼎器，坎離爲藥物。諸卦爲化機者是也。六十卦共三百六十爻象，一年三百六十日之數，自冬至後起屯蒙，大雪盡日是既未也，以一月言之，初一日起屯蒙，月晦日是既未，以一日言之，子時起屯蒙，亥時是既未，若以工夫言之，頃刻之工夫，奪一年之節候。自起手便是屯蒙，收拾便是既未，所謂朝屯暮蒙，只此總名也。達是理者，一刹那間周天數足，諸卦悉在其中矣。祖師謂無卦內定乾坤者，是也。〔註35〕

李道純指出，以《周易》卦爻作爲說明陰陽變化的符號，其值事的時間長短並不是固定不變的，六十卦、三百六十爻可以描述一年、一月、一日以及頃刻之間的陰陽變化規律。乾坤爲陰陽之體，坎離爲陰陽之用。無論卦爻如何

〔註33〕　《中和集》卷二，載《道藏》第 4 冊，第 489 頁。
〔註34〕　《中和集》卷二，載《道藏》第 4 冊，第 489 頁。
〔註35〕　《清庵瑩蟾子語錄》，載《道藏》第 23 冊，第 734 頁。

千變萬化，都離不開乾坤坎離的作用。

李道純認爲：「火者，心也。候者，念也。以心煉念謂之火候，至於心定念息，火候用也。雖然恁麼道，卻不可著在心念上，亦不得離了心念，離了心念便是妄，著了心念便是物。」〔註36〕只有以「清虛方寸盈如玉，極致沖虛守靜篤」〔註37〕的虛靜狀態，才能體會火候的推遷之則，並開展煉養內丹之工夫。只是「丹道用卦，火候用爻，皆是譬喻，卻不可執著在卦爻上」〔註38〕，否則便淪爲心念之妄執。

第三節 漸頓二乘與傍門九品

道教歷來非常重視養生方術的實踐和探索。按照英國著名漢學家李約瑟博士的分類，這些養生術可以分爲煉氣、日曝法、導引、房中術、煉丹術及藥物技術、飲食調養等六種。其中，煉氣術又有氣法和內丹學之分。自唐末五代以後，儘管內丹學逐漸成爲道教養生術的核心，但各種傳統養生術依舊非常流行。這些養生方術不僅內容龐雜，而且眞僞難辨。另外，在修煉程序上，內丹學內部也有兩種截然不同的主張，其中金丹派南宗主張先命後性的漸法，全眞派提倡先性後命的頓法。這樣的狀況給修煉之士的選擇造成了困難。

李道純有感於當時的現狀，感慨道：「奈何後人不窮其理，執著筌蹄，妄引百端，支離萬狀，將至道碎破爲曲徑旁蹊，三千六百，良不得其傳故也。況今之無知淺學，將聖人經旨妄行箋注，乖訛尤甚，安得不誤後來？雖苦志之士，亦不能辯其邪正，深可憐憫！予因是事，故作此《試金石》而辨其眞僞，俾諸學者不被眩惑，決然無疑，直超道岸。」〔註39〕作爲宋元之際道教承前啓後的代表性人物，李道純借助「傍門九品」的分類方法對道教各種傳統養生術的優劣進行了評判；並以頓、漸二乘的區分，表達了自己對於內丹學修煉程序的獨特理解。

〔註36〕 《清庵瑩蟾子語錄》卷六，載《道藏》第 23 冊，第 756 頁。
〔註37〕 《中和集》卷四，載《道藏》第 4 冊，第 508 頁。
〔註38〕 《中和集》卷四，載《道藏》第 4 冊，第 504 頁。
〔註39〕 《中和集》卷二，載《道藏》，第 4 冊，第 490 頁。

九品：

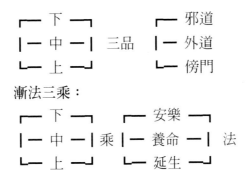

漸法三乘：

最上一乘：無上至眞之妙。

一、傍門九品

李道純將御女房中、三峰採戰、採食月經、食採初精等方術稱爲「泥水丹法」，歸爲下品之下；將交而不瀉、煉秋石、食自己精等方術，歸爲下品之中；將燒煉五金八石、服餌金石草木等方術歸爲下品之上。下品方術多在民間流傳。李道純認爲，這些方術往往被貪淫嗜利、道德敗壞的人利用，故將這些方術歸爲下品。〔註40〕

李道純將休糧辟穀、忍寒食穢、服餌椒木、曬背臥冰、日持一齋、適量飲酒、減食、不食五味、不食煙火食等方術歸爲中品之下；將吞霞服氣、採日月精華、吞星曜之光、服五方之氣、採水火之氣、存思注想等方術歸爲中品之中；將 持守三歸五戒、瞻星禮斗、少語多勞等方法作爲中品之上。這些方法其實多爲魏晉南北朝及隋唐時期的上清、靈寶等各道派所運用。至鍾呂內丹術興起後，這些傳統方術遂被排斥，成爲旁門。李道純認爲，中品的修養方法具有一定的價值，若能堅持不懈，則可收到明顯養生效果。〔註41〕

李道純還對上品修煉方術進行了歸類：「定觀鑒形，存思吐納，摩拂消息。八段錦，六字氣，視頂門，守臍蒂，吞津液，攪神水。或千口水爲活，或指舌爲赤龍，或擦身令熱爲火候，或一呵九摩求長生，或煉稠唾爲眞種子，或守丹田，或兜外腎，至於煮海觀鼻，以津精涎沫爲藥，乃上品之下也。閉息行氣、屈伸導引、摩腰腎、守印堂、運雙睛、搖夾脊、守臍輪，或以雙睛爲日月，或以眉間爲玄關，或叩齒爲天門，或想元神從頂門出入，或夢遊仙

〔註40〕《中和集》卷二，載《道藏》，第 4 冊，第 490～491 頁。
〔註41〕《中和集》卷二，載《道藏》，第 4 冊，第 491 頁。

境，或默朝上帝，或以昏沉爲入定，或數息爲火候，或想心腎黑白二氣相交爲既濟。乃上品之中也。搬精運氣、三火歸臍、調和五藏、十六觀法、固守丹田、服中黃氣、三田還返、補腦還精、雙提金井、夾脊雙關、握固內視，種種般運，乃上品之上也。右三品一千餘條，中士行之亦可卻病。」〔註42〕

李道純所列的上品修煉方術，雖然也是大多在魏晉南北朝至隋唐時期即已存在，但大部份都或已成爲宋元內丹學的有機組成部份，如吞津液、守丹田、守印堂、數息、搬精運氣、補腦還精、握固內視等；或已成爲內丹學的輔助動功，如八段錦、六字氣、閉息行氣、屈伸導引、摩腰腎、叩齒等。內丹學的命功，實際上就是在這些修煉方術的基礎上重新組合、提煉、加工而成的。筆者曾對隋唐時期氣法的發展做過深入研究，並力圖揭示氣法與內丹在理論與技術上的繼承關係。（可參見附錄2）

傍門九品的說法，是李道純根據全眞派性主命從的原則，對傳統道教方術所做的一次總結。對於傍門九品的評價，李道純是有所區別的。對於下品方術，他是極力批判的。對於中品、上品方術，他既肯定了它們在養生、治病（命）方面的功效，也隱含著否定了它們在得道、證眞（性）方面的作用。也就是說，李道純認爲，這些方術只有助於「利用」，而無助於「極體」。

二、漸法三乘

內丹家一般將清淨丹法的修煉步驟分爲四個階段，即築基、煉精化炁、煉炁化神、煉神還虛。第一階段爲築基工夫，在第二節「論爐鼎」中已有所介紹，在此不作贅述。第二階段爲初關，以煉精化炁爲目標，以元精爲藥物，包括調藥、採藥、封爐、煉藥、止火幾個步驟，屬小周天工夫。第三階段爲中關，以煉炁化神爲目標，以元炁爲藥物，先要經過有爲的過渡步驟，然後「採大藥」、「養胎」而進入無爲的入定工夫。第四階段爲上關，以煉神還虛爲目標，純爲性功。一般認爲，初、中、上三關修煉分別大約需要百日、十月、九年，故又稱「百日關」、「十月關」、「九年關」。

按照道教的宇宙生成論，道自虛無狀態中化生出元始先天一炁，又從一炁中產生陰陽。由於陰陽的交會、激蕩，演化成紛繁複雜的世界。這就是老子《道德經》所說的「道生一，一生二，二生三，三生萬物」的宇宙演化圖

〔註42〕《中和集》卷二，載《道藏》，第4冊，第491頁。

式。人與萬物一樣，也是這一宇宙創生圖式的產物，即李道純所云「虛化神，神化炁，炁化精，精化形」〔註43〕內丹學認爲，通過對精、炁、神的修煉，人體生命可以從逆的方向上進行反演，即通過「煉精化炁」的過程，將精化爲炁；再通過「煉炁化神」的過程，將炁化爲神；最後通過「煉神還虛」的過程，將神轉化爲虛無之道。這也就是李道純所說的「萬物含三，三歸二，二歸一；煉乎至精，精化炁，炁化神」〔註44〕的過程。

李道純說：「返本則合乎元虛，故曰：太極本無極也。修煉之士，運炁回還，周而復始，惟神不變，由其不變故運化無窮，攢簇五行者，神也。會合陰陽者，亦神也。神本虛也。煉精化炁，煉炁化神，煉神還虛謂之返本還元。還元者，復歸於無極。」〔註45〕在李道純的思想中，「本」、「元」也就是體，煉精化炁、煉炁化神、煉神還虛的「返本還元」過程，正體現了由用向體的轉化。

李道純認爲，漸、頓丹法雖有精粗的不同，但都爲丹道的正宗。由於「直超圓頓」的頓法絕非一般根器的人所能修持，故李道純的著作以闡述漸法作爲基礎。他說：「中下之士須從漸入，先窮物理，窮盡始得盡性，才有一物不盡，便有窒礙處。須先一一窮盡，得見自己性，然後至於命也。……下根下器人忘情絕念，謂之戒，寂然不動謂之定，默識潛通謂之慧。……煉金丹者，漸教起手之初，煉精化炁，漸次煉炁化神，然後煉神還虛。」〔註46〕故李道純所說的漸法三乘，也就是金丹派南宗所歷來主張的煉精化炁、煉炁化神、煉神還虛的三步驟，其下乘相當於煉精化氣，其中乘相當於煉炁化神，其下乘相當於煉神還虛。以下將李道純對於漸法三乘與三關修煉的論述合在一起，以便相互闡發。

1、漸法下乘——煉精化炁

李道純說：「下乘者，以身心爲鼎爐，精氣爲藥物，心腎爲水火，五臟爲五行，肝肺爲龍虎，精爲眞種子，以年月日時行火候，咽津灌溉爲沐浴，口鼻爲三要，腎前臍後爲玄關，五行混合爲丹成。此乃安樂之法，其中作用百餘條，若能忘情，亦可養命。與上三品稍同，作用處別。」〔註47〕

〔註43〕《中和集》卷二，載《道藏》，第4冊，第188頁。
〔註44〕《中和集》卷二，載《道藏》，第4冊，第488頁。
〔註45〕《全眞集玄秘要》，載《道藏》第4冊，第530～531頁。
〔註46〕《清庵瑩蟾子語錄》，載《道藏》，第23冊，第755頁。
〔註47〕《中和集》卷二，載《道藏》，第4冊，第491～492頁。

李道純又說：「煉精化炁：坎，歸道，乃水府求玄。丹書云：『癸生須急採，望遠不堪嘗。』所謂採者，不採之採謂之採也。苟實有所採，坎中一畫如何得升？精乃先天至靈之化，因動而有身，身中之至精乃元陽也，採者，採此也。譬如乾，乃先天至靈，始因一動交坤而成坎，即至靈化元精之象也。坎為水，坎中一畫元乾金，假名曰『水中金』。金乃水之母，反居水中，故曰『母隱子胎』也。採鉛消息難形筆舌，達者觀『雷在地中，復，先王至日閉關，商旅不行，後不省方』之語，思過半矣，余存口訣。」〔註48〕

「精氣為藥物」、「精為真種子」，都說明漸法下乘主要以煉精化炁為主。李道純稱此段工夫為「安樂之法」。其具體方法為取坎填離之術。坎卦的中間陽爻象徵的是腎中的元陽之炁，也就是所謂乾金。腎屬水，元陽之炁藏於腎中，故稱為「水中金」；煉化腎中的元精，可稱為「水府求玄」。煉精化炁，首先要通過「咽津灌溉」而生精，並持續在下丹田作積纍先天之精的工夫，故而以「腎前臍後為玄關」。

李道純說：「煉精在知時。」〔註49〕也就是說採藥要把握恰當的時機，即應在外藥不老不嫩之時採取，若過嫩則藥力不夠，若過老則有走失的危險。恰當的時機也就是「識天癸生時急採之」〔註50〕，也就是在身體一陽發動之時，可借用一陽生於五陰之下的復卦作比喻。採藥時要加重意念，用武火逼元精運行。但意念又不能過重，要在有意和無意之間，即「不採之採」。若用意過重則會落入後天意識，以後天意識又如何能採先天藥物呢？

李道純總結道：「煉精之要在乎身，身不動則虎嘯風生，玄龜潛伏，而元精凝矣。」〔註51〕認為煉精階段要以對身的修煉為主，若能真正做到身不動，元精就會轉化為元氣，可能會有馬陰藏象之徵。

2、漸法中乘──煉炁化神

李道純說：「中乘者，乾坤為鼎器，坎離為水火，烏兔為藥物，精、神、魂、魄、意為五行。身心為龍虎，氣為真種子，一年寒暑為火候，法水灌溉為沐浴，內境不出、外境不入為固濟，太淵、絳宮、精房為三要，泥丸為玄關，精神混合為丹成。此中乘養命之法，其中作用數十條，與下乘大同小異。

〔註48〕《中和集》卷二，載《道藏》，第4冊，第488～489頁。
〔註49〕《中和集》卷三，載《道藏》，第4冊，第502頁。
〔註50〕《中和集》卷一，載《道藏》第4冊，第488頁。
〔註51〕《中和集》卷三，載《道藏》，第4冊，第502頁。

若行不怠，亦可長生久視。」〔註52〕

　　李道純又說：「煉炁化神：離，崇釋，則離宮修定。丹書云：『眞土制眞鉛，眞鉛制眞汞，鉛汞歸土釜，身心寂不動。』斯言盡矣！既得眞鉛，則眞汞何慮乎不凝？煉炁之要，貴乎運動，一闔一闢、一往一來、一升一降，無有停息。始者用意，後則自然。一呼一吸，奪一年之造化。即太上云：『玄牝之門，是爲天地根，綿綿若存，用之不勤。』正此義也。達者若於乾坤易之門，與夫復、姤之內上留意，煉氣之要備矣。」〔註53〕

　　「烏兔」即金烏與玉兔，是眞鉛、眞汞的異名。「烏兔爲藥物」、「氣爲眞種子」，說明漸法中乘主要以煉炁化神爲主。李道純稱此段工夫爲「養命之法」。元精在化爲元氣之後，衝過會陰、尾閭、夾脊而升至泥丸，並在泥丸停留溫養。故泥丸可以作爲漸法中乘的玄關。

　　與煉精化炁階段相比，在煉炁化神階段李道純明顯更注重性功的作用，「法水灌漑」、「內境不出，外境不入」、「離宮修定」，均是就心性的修養而言的。所以，李道純總結說：「煉精化氣，所以先保其身；煉氣化神，所以先保其心。」〔註54〕張伯端曾說：「眞土制眞鉛，眞鉛制眞汞，鉛汞歸土釜，身心寂不動。」〔註55〕李道純借用這句話來說明眞意（五行屬土）在內煉中的核心作用：眞意之土可以控制腎水，使之不降反升；腎水又可以剋制心火，使之不升反降；若能以眞意爲媒介，則腎水、心火可以成爲水火既濟的格局，元精、元神都可以各得其所，這樣身心也就可以安定下來。

　　李道純還非常重視呼吸在煉炁中的作用，也就是「煉炁之要，貴乎運動，一闔一闢、一往一來、一升一降，無有停息。」在此階段工夫中，呼吸的運用是有前後之別的，開始時要略爲用意，後來則漸至自然。這其實也就是火候運用的前後不同。故李道純有「一年寒暑爲火候」、「一呼一吸，奪一年之造化」之說。爲了使人們易於理解呼吸的動靜轉換，李道純主張「於乾坤易之門，與夫復、姤之內上留意」，因爲乾者乃動之象，坤者乃靜之象，復卦乃由靜轉動之象，姤卦乃由動轉靜之象。

　　雖然呼吸有「用意」與「自然」的區別，但煉炁的目的在達到眞息。李

〔註52〕《中和集》卷二，載《道藏》，第 4 冊，第 492 頁。
〔註53〕《中和集》卷二，載《道藏》，第 4 冊，第 489 頁。
〔註54〕《中和集》卷三，載《道藏》，第 4 冊，第 502 頁。
〔註55〕《金丹四百字》。

道純說：「煉氣在調爕。所謂調爕者，調和眞息，爕理眞元也。」〔註56〕又說：「此所謂呼吸者，眞息往來無窮也。」〔註57〕作爲「眞息」的呼吸，並非通常意義上的口鼻呼吸，而是指胎息。

　　唐代養生家在注解《胎息經》「胎從伏氣中結」一句時說：「修道者，常伏其氣於臍下，守其神於身內，神氣相合而生玄胎。玄胎既結，乃白生身，即爲內丹，不死之道也。」〔註58〕提出「玄胎」是由神氣相合而結成，並明確把「玄胎」稱爲「內丹」。在這裡，「玄胎」已具有內丹的最重要特徵 —— 神氣合一，可以看作是內丹的別稱，故後世有「假名胎息，實曰內丹」之說。對於胎息產生的原理，唐代的《元氣論》說：「言赤子心無情慾，意無辨認，雖有歔作，且不被外欲牽挽，終無畎澮尾閭之虞，其氣眞精，往還溯流，自然自在，任運任眞而已，故日精之至也。」〔註59〕把胎息作爲人在「無思無慮，體合自然」〔註60〕狀態下出現的一種自然的生理反應，認爲人如能回歸赤子之心，則自然可致胎息，即「胎息要訣是回歸嬰兒之心。」〔註61〕

　　李道純認爲人的眞息與天地的闔闢之機是一致的，他說：「玄牝者，天地闔闢之機也。《易‧繫》云：『闔戶謂之坤，闢戶之謂乾，一闔一闢之謂變。』一闔一闢，即一動一靜。老子所謂『用之不勤』之義也。丹書云：『呼則接天根，吸則接地根。呼則龍吟雲起，吸則虎嘯風生。』予謂：『呼則接天根，吸則接地根』，即『闔戶之謂坤，闢戶之謂乾』也。『呼則龍吟雲起，吸則虎嘯風生』，即『一闔一闢之謂變』，亦『用之不勤』之義也。」〔註62〕胎息實際上是一種腹式呼吸 —— 呼氣時小腹自然內收，同時呼吸的支點在小腹中上移；吸氣時小腹自然外鼓，同時呼吸的支點在小腹中下移。這也就是「呼則接天根，吸則接地根」。

　　李道純總結道：「煉氣之要在乎心，心不動則龍吟雲起，朱雀斂翼，而元氣息矣。」〔註63〕認爲煉炁化神階段要以對心的修煉爲主，若能眞正做到不

〔註56〕《中和集》卷三，載《道藏》，第 4 冊，第 502 頁。
〔註57〕《中和集》卷三，載《道藏》，第 4 冊，第 503 頁。
〔註58〕載《雲笈七籤》，第 366 頁。
〔註59〕載《雲笈七籤》，第 326 頁。
〔註60〕《胎息雜訣》，載《雲笈七籤》，第 346 頁。
〔註61〕阪出祥伸著：《長生術》，載《道教》第一卷，上海古籍出版社，1990 年 6 月，第 214 頁。
〔註62〕《中和集》卷三，載《道藏》，第 4 冊，第 502～503 頁。
〔註63〕《中和集》卷三，載《道藏》，第 4 冊，第 502 頁。

動心則可以使元氣轉化爲元神。

3、漸法上乘──煉神還虛

李道純說：「上乘者，以天地爲鼎爐，日月爲水火，陰陽爲化機，鉛、汞、銀、砂、土爲五行，性情爲龍虎，念爲眞種了，以心煉念爲火候，息念爲養火，含光爲固濟，降伏內魔爲野戰，身、心、意爲三要，天心爲玄關，情來歸性爲丹成，和氣薰蒸爲沐浴。乃上乘延生之道，其中與中乘相似，作用處不同，亦有十餘條，上士行之，始終如一，可證仙道。」〔註64〕

李道純又說：「煉神還虛：乾，工夫到此，一個字也用不著。」〔註65〕

「念爲眞種子，以心煉念爲火候」，說明漸法上乘主要以煉神還虛爲主。李道純稱此段工夫爲「延生之道」。在此段工夫中，「龍虎」已由漸法中乘的「身心」轉化爲「性情」，說明修煉中的主要矛盾已由身心關係轉化爲心內部的性情關係，其修煉目標爲「情來歸性」。無論是「息念」、「含光」、「降服內魔」，還是「天心」，都體現了「情來歸性」的極體向度。

李道純之所以以「乾」來指稱修成後的眞性元神，是因爲乾爲純陽之卦。他說：「只今一切念慮都屬陰趣，一切幻緣都屬魔境，若於平常間打並得潔淨，末後不被他惑亂。念慮當以理遣，幻緣當以志斷。念慮絕則陰消，幻緣空則魔滅，陽所以生也，積習久久，陰盡陽純，是謂仙也。或念增緣起，縱意隨順，則陰長魔盛，陽所以消也，積習久久，陽盡陰純，死矣。大修行人，分陰未盡則不仙；一切常人，分陽未盡則不死。」〔註66〕李道純以陽指代眞性元神，以陰標誌念慮識神，乾卦也就成爲只有眞性元神而無絲毫念慮識神的象徵。

李道純總結道：「煉神之要在乎意，意不動則二物交，三元混一，而聖胎成矣。」〔註67〕認爲煉神還虛階段應以意的鍛鍊爲主，若能做到意不動，則可以意爲媒介，使坎水與離火相交，從而使身、心、意打成一片，聖胎也就可以成就。

三、最上一乘

李道純說：「夫最上一乘，無上至眞之妙道也。以太虛爲鼎，太極爲爐，

〔註64〕《中和集》卷二，載《道藏》，第4冊，第492頁。
〔註65〕《中和集》卷二，載《道藏》，第4冊，第489頁。
〔註66〕《中和集》卷四，載《道藏》，第4冊，第504頁。
〔註67〕《中和集》卷三，載《道藏》，第4冊，第502頁。

清靜爲丹基，無爲爲丹母，性命爲鉛汞，定慧爲水火，窒欲懲忿爲水火交，性情合一爲金木並，洗心滌慮爲沐浴，存誠定意爲固濟。戒、定、慧爲三要，『中』爲玄關，明心爲應驗，見性爲凝結，三元混一爲聖胎，性命打成一片爲丹成，身外有身爲脫胎，打破虛空爲了當。此最上一乘之妙，至士可以行之，功滿德隆，直超圓頓，形神俱妙，與道合真。」〔註68〕

　　頓法爲李道純丹道理論中的最上一乘。王家祐先生稱：「這種丹法以性兼命，謂直接修性而不用修命，就可以自然了命。」〔註69〕確實，李道純所說的清靜無爲、窒欲懲忿、性情合一、洗心滌慮、存誠定意、戒定慧、「中」、明心見性這些詞彙，無不是在心性上用功，也無不體現了極體的向度。然而，末尾「打破虛空爲了當」一語，似乎是在提醒人們，在極體之後一定不要停留於「虛空」的性地風光，而是要以積極的姿態向利用的向度轉化。

　　對於漸法與頓法的不同作用與適應人群，李道純作出了自己的理解。他說：「性理之學本無次序。或謂窮理盡性以至於命，盡有次序；或謂三事一時都了。今之學者，不知孰是，我今分明說與公。中下之士須從漸入，先窮物理，窮盡始得盡性，才有一物不盡，便有窒礙處。須先一一窮盡，得見自己性，然後至於命也。上智人則不然，但窮得一理，盡萬理自通。盡性至命一時都了，如禪家戒定慧一同也。下根下器人忘情絕念，謂之戒，寂然不動謂之定，默識潛通謂之慧。上根器人則不然，上根器人戒則自定，定則自然慧通，三事一時都了。煉金丹者，漸教起手之初，煉精化炁，漸次煉炁化神，然後煉神還虛。頓教則不然，以精炁神謂之元藥物，下手一時都了，如此求之，性理之學有甚次序？」〔註70〕

第四節　「中爲玄關」與「復爲玄關」

　　李道純以玄關作爲體用轉化的中間通道，將極體與利用這兩個向度有機地結合在了一起。其對於玄關的闡述，既有就體而言的「中爲玄關」，也有就用而言的「復爲玄關」。

　　玄關又名「玄竅」、「玄關一竅」、「玄牝」，乃內丹家修煉之秘。在道教丹

〔註68〕《中和集》卷二，載《道藏》，第 4 冊，第 492 頁。
〔註69〕《道教論稿》，巴蜀書社，1987 年 8 月，第 295 頁。
〔註70〕《清庵瑩蟾子語錄》卷六，載《道藏》，第 23 冊，第 755～756 頁。

鼎派中，一向有「認得玄關便是仙」的說法，認爲一旦玄關開啓，則百竅皆通，精氣神三寶隨之化生，藥物、鼎爐、火候才可以運用。歷代丹家對於玄關有不同的理解，其中有位說認爲玄關乃體內具體穴竅。無位說認爲玄關無實體，而是由後天工夫到先天工夫的通道，玄關之開啓爲排除和凝煉識神、開發出元神時的一種可以體驗到的景象。李大華教授認爲，玄關「在靜態的身體狀況下，這個部份並不存在，只有在動態的修煉狀態下它才存在，也就是說，只有在修煉中人們才可能體察到它的存在。」〔註71〕

　　儘管道教丹鼎派各家對於「玄牝」、「玄關」有不同的解釋，但都把它看作是生命的本根、神氣的根源、歸根覆命的樞紐。無論是北宗、還是南宗，都非常重視「玄關」在內丹修煉中的核心作用。王重陽有詩云：「玄關奪得不追尋，煉就重陽滅盡陰。」〔註72〕把玄關視爲內丹修煉的關鍵，一旦玄關開啓，則大藥生成，生命就可以由後天轉入先天。張伯端則說：「身中一竅，名曰玄牝，此竅者非心、非腎、非口鼻也，非脾胃也，非谷道也，非膀胱也，非丹田也，非泥丸也。能知此一竅，則多至在此矣，藥物在此矣，火候亦在此矣，沐浴亦在此矣，脫胎亦在此矣。夫此一竅，亦無邊傍，更無內外，乃神氣之根，虛無之谷，則在身中求之，不可求於他也。」〔註73〕紫陽眞人認爲只有玄關開啓之後，才能產藥、採藥、煉藥、運藥、溫養，最後達到結胎、脫胎。對於玄關的特點，張伯端總結爲：「此竅非凡竅，乾坤共合成。名爲神氣穴，內有坎離精。」〔註74〕

　　李道純在其著作中也反覆談及玄關，並認爲，玄關不是在身體的某個部位，若執著於身體，或離開了身體，都難覓玄關。只有在工夫到後，才能開啓玄關。他說：「玄關者，至玄至妙之機關也，寧有定位？著在身上即不是，離了此身向外尋求亦不是。泥於身，則著於形；泥於外，則著於物。夫玄關者，只於四大五行不著處是也。余今設一譬喻，令汝易於曉會。且如傀儡，手足舉動，百般舞蹈，在乎線上關棙，實由主人使之。傀儡比得人之四大一身，線比得玄關，抽牽底主人比得本來眞性。傀儡無線則不能動，人無玄關亦不能運動。汝但於二六時中，行住坐臥，著工夫向內求之，語默視聽是個

〔註71〕李大華：《李道純學案》，齊魯書社，2010年，第19頁。
〔註72〕《道藏》，第25冊，《重陽全眞集》，卷一，第695頁。
〔註73〕《道藏》，第4冊，《修眞十書‧金丹四百字》，第163頁。
〔註74〕《道藏》，第4冊，《修眞十書‧金丹四百字》，第621頁。

什麼？若身心靜定，方寸湛然，真機妙應處，自然見之也。《易·繫》云『寂然不動』，即玄關之體也，『感而遂通』，即玄關之用也。自見得玄關，一得永得，藥物火候，三元八卦，皆在其中矣。時人若以有形著落處爲玄關者，縱勤功苦志，事終不成。欲直指出來，恐汝信不及，亦不得用，須是自見始得。」〔註75〕可以看出，李道純對玄關的闡釋主要是無位說。他以人牽動傀儡的運動作爲比喻，把識神比作傀儡，把元神、本來真性比作主人，把連接元意識與常意識的通道──玄關，比喻爲的細線。如此，玄關便成爲溝通體用、連接無形世界與有形世界的通道。

在當代學者中，胡孚琛先生的對「玄關」的解釋最爲精當：「所謂『玄關一竅』，無非就是指『兩重天地』之間的通道，丹家要出有入無，由色界進入空界，則這個進入空界的『大門』，就是『玄關』，二者之間的隧洞，即稱『一竅』。因而張景和《枕中記》云：『混元一竅是先天，內面虛無理自然。若向未生前見得，明知必是大羅仙。』虛的『空界』和實的『色界』，虛的『法身』和實的『色身』，處於永恆的相互作用（即信息交換）之中，也是可以經過『玄關一竅』相互交通的。老子《道德經》云：『故常無，欲以觀其妙；常有，欲以觀其徼。此兩者，同出而異名，同謂之玄。玄之又玄，眾妙之門。』人體分爲『形、氣、神』三個層次，丹道修煉依不同法門在這三個層次上分別證得『虛無』，皆可由『常有』入『常無』，由『徼』入『妙』，都能見到『玄關』。」〔註76〕

筆者認爲，胡先生在論述玄關的作用時，也有美中不足之處，即只談到了「出有入無，由色界進入空界」的大門就是玄關，「由『常有』，入『常無』，由『由『徼』入『妙』，都能見到『玄關』。」其實，出無入有，由空界進入色界的大門，亦是玄關；由「常無」入「常有」，由『妙』入『徼』，亦能見到玄關。

李道純認爲玄關是有體用之分的，有動靜兩種轉化狀態。他說：「易繫云：寂然不動，即玄關之體也；感而遂通，即玄關之用也。」〔註77〕也就是說，以靜爲玄關之體，以動爲玄關之用。他還說：「《易》曰：『寂然不動』，中之體也。『感而遂通』，中之用也。」〔註78〕可見，玄關之體用與中之體用是互

〔註75〕《中和集》卷三，載《道藏》，第 4 冊，第 493 頁。

〔註76〕胡孚琛：《丹道法訣十二講》，社會科學文獻出版社，2009 年，第 152 頁

〔註77〕《中和集》卷三，載《道藏》，第 4 冊，第 493 頁。

〔註78〕《中和集》卷三，載《道藏》，第 4 冊，第 498 頁。

相對應的。正因爲玄關與「中」有體有用，才能夠統攝未發、已發。李道純所說的玄關之體，乃是元神的呈現的靜的狀態；玄關之用乃是由元神向識神轉化的動的一瞬間。

與玄關之體用相聯繫，李道純對玄關的解釋還有「念頭起處」與「念頭不起處」的區分。他引述並評價張伯端的話說：「紫陽眞人云：『念頭起處爲玄牝。』斯言是也。予謂念頭起處，乃生死之根，豈非玄牝乎？」〔註 79〕他還說：「《易》云：『復其見天地之心。』且復卦，一陽生於五陰之下。陰者靜也，陽者動也，靜極生動，只這動處便是『玄關』也。汝但於二六時中，舉心動念處著工夫，玄關自然見也。」〔註 80〕然而他又說：「道曰：『念頭不起處，謂之中。』此道家之中也。」〔註 81〕這裡，李道純玄關概念中的「念頭起處」與「念頭不起處」的區分，實際上揭示了「漸法玄關」與「頓法玄關」的不同。

李道純曾對漸法三乘與最上一乘丹法作過總結，認爲在漸法三乘中，下乘以腎前脊後爲玄關，中乘以泥丸爲玄關，上乘以天心爲玄關；最上一乘丹法則以「中」爲玄關。〔註 82〕「頓法玄關」以「中」爲玄關，以見玄關之體爲目標，又可稱爲「性宗之玄關」，是與眞性元神的呈現相聯繫的，其玄關的呈現是由用而體、由動而靜，由外而內的過程，是「念頭不起處」。「漸法玄關」即漸法之上乘的玄關，以「復」、「天心」爲玄關，又可稱爲「命宗之玄關」，是對於「活子時」的把握與運用，是與人體氣機的發動相聯繫的，其玄關的呈現是由體而用、由靜而動、由內而外的過程，是「念頭起處」。實際上，念頭起處與念頭不起處、命宗之玄關與性宗之玄關，都是由玄關之體用關係派生出來的。

頓法玄關呈現後，工夫往往轉入無爲法；漸法玄關呈現後，工夫則往往轉入有爲法。在內丹修煉的實踐中，修命的有爲法與修性的無爲法往往是配合進行的，故「念頭不起處」與「念頭起處」也往往是互爲前提、交替呈現的。李道純說：「汝但於二六時中，舉心動念處著工夫，玄關自然見也。」〔註 83〕對玄關之體的把握要即動而求靜。「身心靜定，方寸湛然，眞機妙應處自然

〔註 79〕《中和集》卷三，載《道藏》，第 4 冊，第 500 頁。
〔註 80〕《中和集》卷三，載《道藏》，第 4 冊，第 498 頁。
〔註 81〕《中和集》卷三，載《道藏》，第 4 冊，第 498 頁。
〔註 82〕《中和集》卷二，載《道藏》，第 4 冊，第 491～492 頁。
〔註 83〕《中和集》卷三，載《道藏》，第 4 冊，第 498 頁。

見也。」〔註84〕對玄關之用的體察須以身心靜定爲前提。他還說:「老子曰:
『致虛極,守靜篤,萬物並作,吾以觀其復。』《易》云:『復其見天地之心。』
且復卦,一陽生於五陰之下。陰者靜也,陽者動也,靜極生動,只這動處便
是玄關也。汝但於二六時中,舉心動念處著工夫,玄關自然見也。見得玄關,
藥物火候,運用抽添,乃至脫胎神化,並不出此一竅。」〔註85〕李道純實際
上談到了修煉的過程包含兩個階段——「致虛極,守靜篤」爲「念頭不起處」
的性宗之玄關,「吾以觀復」則爲「念頭起處」的命功玄關。陽者,動也;陰
者,靜也。這裡的復卦「一陽生於五陰之下」,正是對神、炁之靜向神、炁之
動的瞬間轉化的表述。玄關之用具有生發的功能,一旦命功之玄關開啓,活
子時出現,才能以有爲法進行命功修煉。

　　李道純還把玄關作爲溝通天人消息的通道。他說:「玄牝者,天地闔辟之
機也。」〔註86〕「天地中間玄牝門,其動愈出靜愈入。」〔註87〕「老子云:
玄牝之門是謂天地根。此謂玄牝闔辟而生天生地,玄牝即陰陽動靜之機也。」
〔註88〕

　　指出玄關並非只是人體的有無、動靜轉化的通道,而且也是天地運行變
化的樞紐。「常清常靜則天地闔辟之機我所維也。」〔註89〕人若能眞正做到常
清常靜,則可以自身動靜轉化之樞機,以應天地運行變化的規律。這實際上
是以人心之體合於宇宙之體,從而洞悉宇宙之用。他還說:「玄關竅,與虛無
造化,總在當中。」〔註90〕這是說,玄關乃是由靜轉動、由動轉靜的通道,
它既可以由虛無通向造化,也可以由造化通向虛無。正因爲如此,李道純主
張踏遍「兩重消息」:「歸根自有歸根竅,覆命寧無覆命關?踏遍兩重消息子,
超凡越聖譬如閒。」〔註91〕這實際上是說,只有將由用而體與由體而用這兩
個向度結合起來,才能成就聖功。

　　儘管李道純有「中爲玄關」與「復爲玄關」兩種說法,但作爲兩重天地
之間的通道,玄關其實只有一個。玄關是可以雙向進出的隧道。既可以由體

〔註84〕《中和集》卷三,載《道藏》,第 4 冊,第 493 頁。
〔註85〕《中和集》卷三,載《道藏》,第 4 冊,第 498 頁。
〔註86〕《中和集》卷三,載《道藏》,第 4 冊,第 502 頁。
〔註87〕《中和集》卷四,載《道藏》,第 4 冊,第 508 頁。
〔註88〕《全眞集玄秘要》,載《道藏》第 4 冊,第 530 頁。
〔註89〕《中和集》卷四,載《道藏》,第 4 冊,第 505 頁。
〔註90〕《中和集》卷六,載《道藏》,第 4 冊,第 516 頁。
〔註91〕《中和集》卷五,載《道藏》,第 4 冊,第 512 頁。

而用、由靜而動、由內而外，也可以由用而體、由動而靜、由外而內。李道純認爲除了要出有入無，由色界進入空界，還要出無入有，由空界進入色界。唯有如此，才可能實現「極體利用」的最高目標。

附錄 2　對隋唐時期諸家氣法的考察

在內丹學出現之前，煉氣術的主要形式是「氣法」。筆者對於隋唐時期的諸家氣法曾作過深入研究。〔註 92〕現簡要敘述一下對隋唐時期諸家氣法的考察。

隋唐時期是道教發展的鼎盛時期。由於帝王的尊崇和倡導，道教獲得了空前的政治地位，神仙信仰成爲一種普遍的社會思潮，各種道教養生術也因而獲得了空前的發展。在這一時期的各種養生術中，煉氣術尤其受到社會各個階層的青睞。〔註 93〕在隋唐時期，這些煉氣術統稱爲「氣法」，種類繁多，蔚爲大觀。

在《正統道藏》洞神部方法類中，保存有大量有關煉氣術的道經。北宋初年張君房編修的道教類書《雲笈七籤》中也保存了很多關於煉氣術與養生的材料。其中大多收錄於卷五十六至卷六十二的《諸家氣法部》中，包括：《元氣論》、《服氣精義論》、《胎息精微論》、《茅山賢者服內氣訣》、《胎息根旨要訣》、《胎息雜訣》、《尹眞人服元氣術》、《服元氣法》、《胎息口訣》、《延陵君修養大略》、《赤松子服氣經序》、《神仙絕穀食氣經》、《太無先生服氣法》、《墨子閉氣行氣法》、《太清王老口傳服氣法》、《曇鸞法師服氣法》、《達磨大師住世留形內眞妙用訣》、《項子食氣法》、《張果先生服氣法》、《申天師服氣要訣》、《王眞人氣訣》、《大威儀先生玄素眞人要用氣訣》、《王說山人服氣新訣》、《嵩山李奉時服氣法》、《中山玉櫃服氣經》、《幻眞先生服內元氣訣法》、《胎息經》、《用氣集神訣》、《服五方靈氣法》、《五廚經氣法》、《谷神妙氣訣》、《辨雜呼神名》、《中嶽郤儉食氣法》、《十二月服氣法》、《三一服氣法》、《服三氣法》、《服氣雜法秘要口訣》、《延陵君煉氣法》、《太清王老口傳法序》、《服氣問答訣法》、《姑婆服氣親行要訣問答法》，共計 41 篇；另外，還

〔註 92〕參見《中國道教科學技術史》南北朝隋唐五代卷「氣法養生」部份，科學出版社 2010 年出版。

〔註 93〕可參考吳楓著：《唐代養生文化論稿》，收入《吳楓學術文存》第 229 頁，中華書局，2002 年 11 月。

有部份養生文獻收錄於卷三十二至卷三十六的《雜修攝部》中，共計 22 篇，其中也收錄有一些煉氣術的內容。

《雲笈七籤》雖為宋初所編，但其所收的氣法資料，大多應出自五代之前。因為自唐末五代鍾呂內丹術產生以後，對包括氣法在內的傳統養生術的批判也就成為一種社會思潮。如《鍾呂傳道集》即對傳統的養生方術展開了激烈的批判：「以旁門小法，易為見功，而流俗多得。互相傳授，至死不悟，遂成風俗，而敗壞大道。有齋戒者，有休糧者，有採氣者，有漱咽者，……有存想者，有採陰者，有服氣者，……有導引者，有吐納者，有採補者，……旁門小法，不可備陳。」〔註 94〕把大部份傳統養生方術皆列為旁門小法。在這樣的背景下，包括氣法在內的諸多傳統養生術便漸漸失去了原有的市場。

一、理論基礎

隋唐時期的諸家氣法雖然方法各異，但歸納起來，其理論基礎不外乎元氣學說、精氣神學說、藏象學說以及及運氣學說幾個方面。

1、元氣學說

元氣學說可以分為宇宙生成論和人體養生論兩個層面。《元氣論》繼承了兩漢以來的古典元氣說，把元氣作為宇宙的本體，認為它「與太無合體，與大道同心，與自然同性，則可以無始無終，無形無象，清濁一體，混沌之未質，故莫可紀其窮極。」〔註 95〕元氣在形成萬物的過程中也同時被萬物所分有，即「人與萬物，各分一氣而成形。」〔註 96〕對於每一個人來說，元氣都是其生命存在的最終依據，即「生命之根，元氣是矣。」〔註 97〕在這裡，我們可以看出：作為宇宙生成論範疇的「元氣」和作為人體養生論範疇的「元氣」是同一事物的兩個層面，是體和用的關係。

《元氣論》認為：「夫元氣者，乃生氣之源，則腎間動氣是也。此五臟六腑之本，十二經脈之根，呼吸之門，三焦之源，一名守邪之神，聖人喻引樹為證也。此氣是人之根本，根本若絕，則臟腑筋脈如枝葉，根朽枝枯，亦

〔註94〕徐兆仁編：《全真秘要》，中國人民大學出版社，1988 年，第 5 頁。
〔註95〕《元氣論》，載《雲笈七籤》，第 324 頁。
〔註96〕《神氣養形說》，載《雲笈七籤》，第 194 頁。
〔註97〕《元氣論》，載《雲笈七籤》，第 327 頁。

以明矣。」〔註98〕元氣運動於兩腎之間，並通過三焦而流佈於全身，內至臟腑，外達肌膚腠理，推動人體的生長發育，激發各個臟腑、經絡的生理活動，爲臟腑、經絡的根本，是人體生命活動的原動力；元氣之於人體的作用就像根之於樹的作用，一旦元氣衰微，人體就會像樹失去根一樣而喪失自己的生命力。正是基於以上的認識，《元氣論》把保持、培補元氣作爲養生長壽的關鍵，認爲：「樹衰培土，陽衰氣補，含育元氣，愼莫失度。……衰陽以元氣補而不失，取其元氣津液返於身中，即顏復童矣。」〔註99〕

培養元氣的方法有修性與修命之分。《尹眞人服元氣術》中所述的修養元氣的方法即是傳統的修命術的體現：「夫人身中之元氣，常從口鼻而出，今制之令不出，便滿丹田，丹田滿即不饑渴，不饑渴蓋神人矣。……所以然者，謂元氣在丹田中，諸髒不隔，周流和布，無所不通，以其外不入，內不出，全元氣，守眞一，是謂內眞之胎息也。」〔註100〕認爲用胎息的方法可以使元氣不外泄，而丹田氣足，就可以使臟腑的功能得到充分發揮，使氣血周流無滯於全身，因而也能夠健康長壽。《元氣論》則繼承了《素問・上古天眞論》中「恬憺虛無，眞炁從之」的思想，非常重視心性修養對於養氣的重要性：「元無者，道體虛無自然，乃無爲也。無爲者，乃心不動也。不動也者，內心不起，外境不入，內外安靜，則神定氣和，神定氣和，則元氣自至，元氣自至，則五臟通潤，五臟通潤，則百脈流行，百脈流行，則津液上應，而不思五味饑渴，永絕三田，道成則體滿藏實，童顏長春矣。」〔註101〕認爲要想養氣，須首務養心，心定神凝之後，元氣自然會產生。

在隋唐時期，修性術與修命術有逐漸融合的趨勢。晚唐五代的鍾呂內丹學其實就是這種融合的產物：一方面，諸家氣法「逐漸發展成爲道教內丹術中的『命功』」〔註102〕；另一方面，早期的思神術「與隋唐道教重玄學和佛教禪宗『明心見性』之說相結合，成爲內丹功法中的『性功』。」〔註103〕

2、精氣神學說

道教有「上藥三品，神與氣精」之說，認爲精、氣、神三者是維持人體

〔註98〕載《雲笈七籤》，第 327 頁。
〔註99〕載《雲笈七籤》，第 331 頁。
〔註100〕載《雲笈七籤》，第 346 頁。
〔註101〕載《雲笈七籤》，第 332 頁。
〔註102〕王卡主編：《道教三百題》，上海古籍出版社，2000 年 12 月，第 49 頁。
〔註103〕王卡主編：《道教三百題》，上海古籍出版社，2000 年 12 月，第 51 頁。

生命力的必不可少的要素，也是養生家應重點煉養的對象。因此，除了養氣以外，道教養生家也非常重視寶精和嗇神的作用，並認爲這三者是相互補充而又不可分割的統一體。在道教的不同發展時期或道教的不同派別中，對於精、氣、神的認識也存在著差異，這種差異在隋唐諸家氣法理論中也同樣可以見到。根據在煉養理論中對於精、氣、神三者的重視程度不同，可以把諸家氣法分爲重精、重氣、重神三說。

重精派的代表文獻以《延陵君修養大略》爲代表。該派認爲從精、氣、神產生的先後順序來看，是「精化爲氣，氣化而神集焉。」〔註104〕認爲精是人身之根本，它可以化爲氣；而體內元氣充足，神就會聚集。所以，該派的修養論認爲「精全則氣全，精泄則氣泄，氣泄則神乘而去之」〔註105〕，所以「保生者，務修於氣，愛氣者，務保於精。」〔註106〕保精是根本，之後才是愛氣、保生。重精派的思想後來被宋代的金丹派南宗所吸收、改造，並成爲其「煉精化氣」理論的依據。

重氣派以《服氣精義論》、《中山玉櫃服氣經》、《神氣養形說》爲代表。該派認爲元氣居於根本地位，而氣、神居於派生地位。《中山玉櫃服氣經》曰：「夫人以元氣爲本，本化爲精，精變爲形，……精滿氣盛，百神備足。」〔註107〕《服氣精義論》曰：「氣全則生存，然後能養志，養志則合眞，然後能久登。」〔註108〕這裡的「養志」其實就是指的養神。《神氣養形說》也認爲：「氣者，神之母；神者，氣之子。」〔註109〕因此，該派煉養理論把納氣作爲首務：「欲致其子，先修其母。」〔註110〕「須納氣以凝精，保氣以煉形，精滿而神全，形休而命延，元本既實，可以固存耳。」〔註111〕煉氣派對於金丹派南宗的「煉氣化神」理論產生了重要影響。

重神派的代表文獻有《元氣論》和《胎息精微論》。《胎息精微論》把神作爲精、氣、神三者中的最高存在：「玄中有玄，是我命；命中有命，是我形；形中有形，是我精；精中有精，是我氣；氣中有氣，是我神；神中有神，是

〔註104〕《延陵君修養大略》，載《雲笈七籤》，第350頁。
〔註105〕《延陵君修養大略》，載《雲笈七籤》，第350頁。
〔註106〕《延陵君修養大略》，載《雲笈七籤》，第350頁。
〔註107〕載《雲笈七籤》，第359頁。
〔註108〕載《雲笈七籤》，第334頁。
〔註109〕載《雲笈七籤》，第194頁。
〔註110〕載《雲笈七籤》，第194頁。
〔註111〕《服氣精義論》，載《雲笈七籤》，第335頁。

我自然。」〔註112〕《元氣論》也以神爲氣之主宰：「夫氣與神，復以道爲主，道由心，心由意，即知意爲道主，意亦可謂之神也。大約神使其氣，以意爲妙。」〔註113〕「神全則氣全，氣全則形全。」〔註114〕所以，其修養理論把存神作爲守氣的先決條件，認爲「若能存念其神，以守元氣，氣亦成神，神亦成氣。」〔註115〕《元氣論》雖然重點論述了元氣生成論和元氣養生論，但在精、氣、神三者的關係上，更強調神的決定作用，因此依然可以歸爲重神派。重神派對於金元時期全眞道北宗的「先性後命」理論有著不可忽視影響。

3、藏象學說

藏象學說，是研究人體各個臟腑的生理功能、病理變化及其相互關係的學說。在隋唐時期，隨著內煉理論的發展，道教養生家紛紛援醫入道，以祖國醫學的藏象學說指導包括氣法在內的各種養生修煉，力求做到「先明臟腑，次說修行」。在這方面，《服氣精義論》和《元氣論》表現得最爲突出。

《服氣精義論》論述了五臟與形、神的關係：「夫生之成形也，必資之於五臟，形或有廢，而髒不可闕；神之爲性也，必稟於五臟，性或有異，而氣不可虧。……人有五臟，生養處其精神」〔註116〕認爲人的形體、精神只有依賴於五臟的作用才能夠生存。「腎者，生氣之源，五臟六腑之本，十二經脈之根，左爲正腎，右爲命門，故令氣致於腎，以益於其精液。」〔註117〕腎爲「先天之本」，爲元氣（即先天之精）所藏之處，而元氣是人體生命活動的原動力，具有溫煦和激發各個臟腑、經絡的生理活動的作用。呼吸清氣至腎，既可以發揮腎主納氣的作用，又可以化體外之元氣爲體內之元氣。

《元氣論》還把藏象學說中的三焦理論援引入三丹田理論中，認爲：上丹田「主溫於皮膚肌肉之間，若霧露之溉焉；」〔註118〕中丹田「主腐穀熟水，變化胃中水穀之味，出血以營臟腑身形，如地氣之蒸焉；」〔註119〕下丹田「主運行氣血，流通經脈，聚神集精，動靜陰陽，如水流就濕，澆注以時，雲氣

〔註112〕載《雲笈七籤》，第344頁。
〔註113〕載《雲笈七籤》，第331頁。
〔註114〕《元氣論》，載《雲笈七籤》，第326頁。
〔註115〕載《雲笈七籤》，第333頁。
〔註116〕載《雲笈七籤》，第339頁。
〔註117〕載《雲笈七籤》，第336頁。
〔註118〕載《雲笈七籤》，第327頁。
〔註119〕載《雲笈七籤》，第327頁。

上騰，降而雨焉。〔註120〕」這樣，三丹田的理論內涵就得到了豐富。

藏象學說對諸家氣法的影響還表現在其命門理論中。對於命門的位置，諸家氣法有以下三種看法：《元氣論》以「右腎謂之命門」〔註121〕，《胎息口訣》以「臍爲命門」〔註122〕，《胎息根旨要訣》則認爲命門「正對臍第十九椎，兩脊相夾脊中空處，膀胱卜近脊是也。」〔註123〕

4、運氣學說

運氣學說，是五運六氣學說的簡稱，是研究天時、氣候的變化及其對人體的影響的學說，是中國古代「天人相應」觀念的具體體現。它把自然氣候的變化與人體生理的變化聯繫了起來，並以天干、地支和卦爻作爲推演這一變化的符號。十乾統運而起於甲，十二地支紀氣而始於子，干支又分別有其五行所屬。根據所屬干支的五行生剋規律便可以推算運和氣的演變。其中，「五運」指木、火、土、金、水五行之氣的運動，而「六氣」指風、寒、暑、濕、燥、火六種氣候的變化。「運氣學說的核心理論是氣化理論，運氣氣化著重於揭示宇宙氣化和人體氣化的宏觀整體關係，這個關係即是『天道 ——氣化 —— 物候』的關係。氣化便是連接天道（宇宙運動）與物候（包括生物體，尤其人體生理病理）關係的樞紐。」〔註124〕

運氣學說最早見於《素問》中的七篇大論，即《天元紀》、《五運行》、《六微旨》、《氣交變》、《五常政》、《六元正紀》、《至眞要》，是漢代象數易學在隋唐時期的流變與擴展。七篇大論是由隋唐時期的王冰補入的，這也說明運氣學說在隋唐時期已具有深遠的影響。在諸家氣法中也常常可以看到這種影響。

《十二月服氣法》非常重視對天地陰陽之氣的攝取，並以鼻吸取陽氣，口吸取陰氣，即「夫陽氣者，鼻取之氣也；陰氣者，口取之氣也。」〔註125〕針對不同的月份，該法規定了對陽氣與陰氣的不同攝入量。其中，五月份要求攝入的陽氣最多而陰氣最少，在以後五個月內，要求攝入的陽氣逐漸減少而陰氣逐漸增多；至十一月份，要求攝入的陰氣最多而陽氣最少，在以後五

〔註120〕載《雲笈七籤》，第 327 頁。
〔註121〕載《雲笈七籤》，第 327 頁。
〔註122〕載《雲笈七籤》，第 348 頁。
〔註123〕載《雲笈七籤》，第 345 頁。
〔註124〕楊力著：《中醫運氣學》，北京科學技術出版社，1999 年 9 月，第 1 頁。
〔註125〕載《雲笈七籤》，第 372 頁。

個月內，要求攝入的陰氣逐漸減少而陽氣逐漸增多。〔註126〕可以看出，《十二月服氣法》的陰陽攝入規律明顯受到天地之氣的陰陽消長規律的影響。

天地之氣的陰陽消長不僅僅存在於同一年的不同月份中，還存在於同一月的不同日以及同一日的不同時中。

東漢時，魏伯陽便已在《周易參同契》中創立了月體納甲說，以八卦之象象徵月體的朔望缺弦，並說明陰陽的消長規律。〔註127〕《服氣精義論》把月體的陰陽消長與人體的氣血虛實聯繫了起來：「月始生，則人血氣始精，衛氣始行；月郭滿，則血氣實，肌肉堅；月郭空，則肌肉減，經絡虛，衛氣去，形獨居。」〔註128〕認爲人體氣血的虛實受到月體盈虧的影響。由於新月時，月體一陽始生，人體衛氣始行，故煉氣「宜於春秋二時，月初三日後、八日前，取其一吉日爲始。」〔註129〕

在隋唐時期，運氣學說對於諸家氣法的指導作用，有點類似於直符理論對於外丹術的指導作用。在外丹術中，有「萬卷丹經秘在火候」之說，而外丹術中的火候控制也是借助於《周易參同契》所揭示的宇宙陰陽消長規律來實現的。唐末五代以後，鍾呂內丹術也同樣借助於運氣學說闡釋其火候理論。

較之先秦至南北朝時期的煉氣術，隋唐時期的諸家氣法無疑有著更爲精緻的理論體系。其元氣學說、精氣神學說、藏象學說以及運氣學說無論在深度上還是在廣度上都拓展了氣法的理論視野。這也爲內丹術的誕生準備了充分的理論條件。

二、修養方法

人的生命活動離不開呼吸。對呼吸的控制是氣法實踐中最核心的技術環節，也是氣法區別於其它傳統養生方法的最明顯特徵。《服氣精義論》認爲「呼吸之理，乃神氣之要」〔註130〕。緣於對呼吸作用的重視，人們又把氣法稱爲「服氣」。根據對呼吸的不同控制方法，我們可以把諸家氣法分爲「服外氣法」與「服內氣法」兩大派別。服外氣以納清氣、吐濁氣爲特點，爲外呼吸法；

〔註126〕參見《雲笈七籤》，第 371 頁。
〔註127〕參考孟乃昌、孟慶軒輯編：《萬古丹經王〈周易參同契〉三十四家注釋集萃》，華夏出版社，1993 年 9 月，第 53～64 頁。
〔註128〕載《雲笈七籤》，第 339 頁。
〔註129〕載《雲笈七籤》，第 335 頁。
〔註130〕載《雲笈七籤》，第 336 頁。

服內氣法，亦稱「胎息法」，以保持體內元氣不出於口爲特點，爲內呼吸法。廣義的「服氣」兼指服外氣與服內氣，而狹義的「服氣」則專指服外氣。

1、服外氣法

服外氣法，爲吸入清氣、呼出濁氣的呼吸法，並常與存思外景結合。服日精月華、服五牙、服六氣、服晨霧等都屬於服外氣法的範圍。道教養生家認爲，服外氣法可以以天地間的元氣來補充人體內被損耗的元氣，其補充的方法爲吸氣多而呼氣少。《服氣雜法秘要口訣》曰：「外氣，喘息之氣，即府氣也，但入至榮衛，非自中而有者也。」〔註131〕司馬承禎的《服氣精義論》中所介紹的幾種服氣法，即服五牙法、太清行氣法、服六戊氣法、服三五七九氣法和養五臟五行氣法，可以視爲服外氣法的代表。

服五牙法受到成書於魏晉之際的《靈寶五符經》的深刻影響，以五行思想爲模式的來建構其修煉方術。五牙，指木、火、土、金、水五方所生之氣，其與人體的五臟、五官等各個部份之間存在著一一對應的聯繫，即「東方青色，入通於肝，開竅於目，在形爲脈，南方赤色，入通於心，開竅於舌，在形爲血；中央黃色，入通於脾，開竅於口，在形爲肉；西方白色，入通於肺，開竅於鼻，在形爲皮；北方黑色，入通於腎，開竅於耳，在形爲骨。」〔註132〕服五牙法主張「凡服氣，皆先行五牙，以通五臟」〔註133〕，這是因爲「體衰氣耗，乃致凋敗。故須納雲牙而漑液，吸霞景以孕靈，榮衛保其純和，容貌駐其朽謝。」〔註134〕服食天地間的五行之氣可以補充人體中的五行之氣，從而滋養肝、心、脾、肺、腎五臟，收養顏、益壽之效。其具體方法爲：「凡服五牙之氣者，皆宜思入其髒，使其液宣通，各依所主，既可以周流形體，亦可以攻療疾病。」〔註135〕即以意念引導五牙之氣分別進入五臟，並使之運行全身。

2、服內氣法（胎息法）

內氣，指呼氣時從下丹田中上升之元氣。服內氣，又稱服內元氣，即以胎息的方式守護人體自身的元氣，使不出於口鼻，從而達到養生的目的。在

〔註131〕載《雲笈七籤》，第 373 頁。
〔註132〕《服氣精義論》，載《雲笈七籤》，第 335 頁。
〔註133〕《服氣精義論》，載《雲笈七籤》，第 335 頁。
〔註134〕《服氣精義論》，載《雲笈七籤》，第 334 頁。
〔註135〕《服氣精義論》，載《雲笈七籤》，第 335 頁。

《雲笈七籤》所載的諸家氣法中，倡服內氣的佔了絕大多數。《胎息精微論》認爲：「身不衰老，內食太和元氣爲首。」〔註136〕《元氣論》也說「夫長生之術，莫過乎服元氣，胎息內固，靈液金丹之上藥」〔註137〕。《尹眞人服元氣術》對於服內氣養生的機理是這樣論述的：「夫人身中之元氣，常從口鼻而出，今制之令不出，便滿丹田。是故人之始胎，不飲不啄，不飲不啄，故無出入息，即元氣復，元氣復即長生之道機也。所以然者，謂元氣在丹田中，諸髒不隔，周流和布，無所不通，以其外不入，內不出，全元氣，守眞一，是謂內眞之胎息也。」〔註138〕人的常規呼吸會使體內的元氣從口鼻散出，所以應該限制人的常規呼吸方式，而代之以類似於胎兒在母腹中的內呼吸方式。這樣就可以守護、培養體內的元氣，使臟腑得到濡養，從而增強人體的生命力。

倡服內氣的諸派對於修煉胎息的方法各有不同的理解，大致包括閉氣說、節氣說、內外之氣不雜說、伏氣結胎說、神氣合一說等。現重點介紹與內丹術關係密切的伏氣結胎說和神氣合一說。

（1）伏氣結胎說

伏氣結胎說，指通過內氣在下丹田的不斷聚集而凝成一個類似胎兒一樣的氣團；此後，每呼每吸都以此氣團作爲支點。《胎息經》對此說做了精練的表述：「胎從伏氣中結，氣從有胎中息」〔註139〕《胎息精微論》也持此觀點：咽內氣「直下氣海中凝結，腹中充滿，如含胎之狀。氣從有胎中息（氣海中有氣充，然後爲胎息之道也），氣成即清氣凝爲胎，濁氣而出（散從手足及發而出也）」〔註140〕。只有所咽內氣在下丹田中不斷聚集、膨脹，即伏氣於下丹田，才能在腹中凝結成類似於胎兒一樣的氣團；而在凝成這樣的氣團之後，人體之氣便有了統攝，也才有可能行胎息之術。

諸家氣法的不少文獻都對「氣從有胎中息」的景象做了描述，如《服元氣法》曰：「鼻中喘息都無出入，只覺氣海中時動用耳」；〔註141〕《胎息口訣》曰：「口鼻俱閉，心存氣海中，胎氣出入喘息，只在臍中。」〔註142〕行胎息時，

〔註136〕載《雲笈七籤》，第344頁。
〔註137〕載《雲笈七籤》，第332頁。
〔註138〕載《雲笈七籤》，第346頁。
〔註139〕載《雲笈七籤》，第366頁。
〔註140〕載《雲笈七籤》，第344頁。
〔註141〕載《雲笈七籤》，第347頁
〔註142〕載《雲笈七籤》，第348頁。

一方面，口鼻之息若無若存；另一方面，下丹田的氣團則有規律地開闔。《達摩大師住世留形內真妙用訣》總結說：「凡人呼吸，與聖人殊。凡人息氣出入於咽喉，聖人息神氣常在氣海。氣海，即元氣之根本也。……道人能守之，綿綿不絕，此是返本還源，歸本生之處，而堅住凝結，不化不散，此即皆其義也。」〔註143〕認為常人之息與服氣者之息有所不同，即常人之息淺而促，服氣者之息深而緩；而深而緩的呼吸可以使人的元氣凝聚於丹田而不散。

能量的耗散是導致生命衰竭的重要原因。伏氣結胎一方面可以通過控制口鼻之息而減少能量消耗，另一方面更可以通過聚集丹田之氣而使人體中耗散的能量得以重新集結。因此，練習胎息可以強身健體、益壽延年。

（2）神氣合一說

《老子》曾提出過「專氣致柔，能如嬰兒乎」〔註144〕的思想，《元氣論》則進一步發揮說：「言赤子心無情慾，意無辨認，雖有歂作，且不被外欲牽挽，終無畎澮尾閭之虞，其氣真精，往還溯流，自然自在，任運任真而已，故曰精之至也。」〔註145〕把胎息作為人在「無思無慮，體合自然」〔註146〕狀態下出現的一種自然的生理反應，認為人如能回歸赤子之心，則自然可致胎息，即「胎息要訣是回歸嬰兒之心。」〔註147〕

其實，胎息的完整含義應該是回歸赤子之心與恢復嬰兒之息的結合，「既是思想意念由雜而專的純化過程，又是後天呼吸法式向先天呼吸法式的復歸。」〔註148〕《延陵君修養大略》說：「人能依嬰兒在母腹中，自服內氣，握固守一，是名曰胎息。」〔註149〕其中，就包含了調心與調息兩方面的內容。《胎息根旨要訣》也說：「修生之人，常令神與氣合，子母相守，自然玄牝無出入息也。」〔註150〕明確提出，通過致神氣合一便可以達到口鼻之息俱停的境界。《太清王老口傳法序》中所載之「神息法」，則論述了神氣合一

〔註143〕載《雲笈七籤》，第355頁。
〔註144〕陳鼓應著：《老子注譯及評介》，中華書局，1984年5月，第96頁。
〔註145〕載《雲笈七籤》，第326頁。
〔註146〕《胎息雜訣》，載《雲笈七籤》，第346頁。
〔註147〕阪出祥伸著：《長生術》，載《道教》第一卷，上海古籍出版社，1990年6月，第214頁。
〔註148〕詹石窗著：《道教文化十五講》，北京大學出版社，2002年1月，第246頁。
〔註149〕載《雲笈七籤》，第350頁。
〔註150〕載《雲笈七籤》，第346頁。

的原則：「當用心之時，氣自無滯，當用氣之時，心亦不生」〔註151〕。心不僅守於氣，而且泯於氣，以其似守非守而致心氣兩忘。此論頗帶有重玄雙遣的味道。

《胎息經》之注解是諸家氣法中論述神氣合一最詳者。「胎從伏氣中結」一句的注文說：「修道者，常伏其氣於臍下，守其神於身內，神氣相合而生玄胎。玄胎既結，乃自生身，即爲內丹，不死之道也。」〔註152〕提出「玄胎」是由神氣相合而結成，並明確把「玄胎」稱爲「內丹」。在這裡，「玄胎」已具有內丹的最重要特徵——神氣合一，可以看作是內丹的別稱，故後世有「假名胎息，實曰內丹」之說。「進入胎息狀態，是從心息相依開始，通過呼吸與精神的配合訓練，達到心息合一，漸至無心無息之高深定境，從修煉的境界上來講，這與內丹之高層境界是完全相通的。」〔註153〕

神氣合一說指導下的胎息法，已不僅是一種呼吸的控制技術，而且更是一種心理的調節技術。一方面，其以「心不動念」爲所追求的最高精神境界，顯然是受到了唐代重玄學心性學說的深刻影響；而另一方面，「對入靜的極端重視，又刺激了對心性學說的重視，故至唐末五代，對心性的強調成爲內丹的一個顯著特徵。」〔註154〕

中國人的理論興趣在唐代以降發生了重要轉變，即由重視對外部世界的觀察，轉爲重視對內心世界的體驗。這一轉變也投射到了氣法的發展軌跡之中。通過對服外氣法和服內氣法的整體考察，我們可以發現：服外氣法更傾向於以宇宙論作爲理論框架，而服內氣法則有向心性論靠攏的趨勢。故從服外氣法向服內氣法的過渡，也可以看作是中國哲學從宇宙論向心性論轉化的必然產物。

〔註151〕載《雲笈七籤》，第378頁。

〔註152〕載《雲笈七籤》，第366頁。

〔註153〕戈國龍著：《道教內丹學溯源》，宗教文化出版社，2004年6月，第103頁。

〔註154〕任繼愈主編：《中國哲學發展史》（隋唐卷），人民出版社，1994年5月，第427頁。

結語　後世評價

　　元、明、清三代，已有很多人士對李道純的著作和思想作出評價。筆者現將這些評價進行整理、彙集，並作簡要點評。

　　元代道士杜道堅（1237～1318年），當是最先對李道純思想作出評價者。他爲《中和集》所作的序云：「余未啓帙，先已知群妄掃空，一眞呈露。謂如天付之而爲命，人受之而爲性。至於先天太極、自然金丹、光照太虛、不假修煉者，漏泄無餘矣。可以窮神知變而深根寧極，可以脫胎神化而復歸無極也。抑以見道之『有物混成』，儒之『中和育物』，釋之『指心見性』，皆同工異曲，咸自太極中來。是故老聖『常善救人』，佛『不輕於汝等』，周公『豈欺我哉？』覽是集者，切忌生疑。」〔註1〕同爲最早歸於全眞道的南宗道士，杜道堅可謂李道純的知己，故蔡志頤才會將《中和集》交其「印可」。而杜道堅也抓住了李道純最上一乘丹法的要旨——先天太極、自然金丹、光照太虛、不假修煉。

　　元末明初的道士王道淵（號混然子），爲《清庵瑩蟾子語錄》作後序云：「繼而瑩蟾子李清庵出，道學淵源，得神仙秘授。三教之宗了然粲於胸次，四方聞之，踵門而請益者，不可枚舉。其發揮金丹之妙，與弟子問答難疑之辭，機鋒捷對之句，凡若干言，錄而成書，名曰清庵語錄。余頌其文再三，篇篇無閒言，句句無閒字，皆發明太上之遺風、先眞之未露，可謂明矣，妙矣。其文與《中和集》相表裏，荊南羽士鄧坦然抄錄已久，今則命匠繡梓，以壽其傳，不泯清庵之德音，可見運心之普矣。學仙之徒，覓覽斯文者，必

〔註1〕杜道堅作《中和集》序，《道藏》第4冊，第482頁。

有超然而作者，豈曰小補也哉？」〔註2〕王道淵認爲，李道純的著作，闡發了《道德經》中隱而未發的思想。從該序中還可以看出，李道純以其高深的學養在當時具有非同尋常的影響力。

明代正一派第四十三代天師張宇初（1359～1410年）在爲王道淵《還眞集》作序時云：「若宋之張紫陽、石杏林、陳泥丸、白紫清、李玉溪、李清庵，皆一時傑出。凡其辭旨，亦不下伯陽，而互有深造默會者焉。夫相去千百歲之間，何言之若合符節者，不期然而然哉。此無他，千百世之理同也，心同也。」〔註3〕在序作中，張宇初把李道純的丹道造詣與魏伯陽及南宗五祖等同，可見李道純在元代及明初的影響之大。

《（隆慶）儀眞縣志》卷之十二·祠祀考引《井道泉記略》云：「夫道，言乎無言，事乎無事。故以文爲華，名爲醨，惟醇實是務。今道人方且尚辭、要譽，是棄實而華，捨醇而醨，不其悖乎？然有以也。夫進、處有時，消、長有數，故不可爲而強爲與可爲而不爲，君子恥之。今觀長生之作，其得數之可爲者乎？是可紀。」〔註4〕該記略認爲，李道純乃順應天時而著述、弘道，並非那種華而不實的沽名釣譽之徒。

明代的王世貞（1526～1590）在《李素庵〔註5〕中和集》中說：「余始得此書而讀之，覺其緊爽有味。其於一切內外丹藥、吐納、伸經之術，如《黃庭》、《參同》、《悟眞》之類，皆指以爲旁門小道。而究其大指，多出禪門，如四祖啓法，融南嶽醒大寂語，又雜以《中庸》飾之。大要欲成一家言耳，非必有所得也。吾所聞如尹蓬頭、赤度子，所見如閭蓬頭、劉大瓢輩，遠者至數百歲邁者，亦自強力飲啖。兼人傍門小道，行之久久，亦自有益，第不能出世耳。此曹子眉山公所謂啖豬肉者也。李先生所謂啖龍肉，美者也。」〔註6〕王世貞對於李道純「傍門九品」的說法很感興趣，但王世貞並非道家中人，對李道純思想的理解並不完全準確。實際上，李道純思想的大旨並非出於禪門，他對於《參同契》、《悟眞篇》非常推崇，並曾爲張伯端《悟眞篇》中的《讀〈周易參同契〉》作注。

清末民初的況周頤（1859～1926）在其《蕙風簃小品》中說：「庚申嘉平

〔註2〕《道藏》第 23 冊，第 762 頁。
〔註3〕《道藏》第 24 冊，第 97 頁。
〔註4〕《天一閣藏明代方志選刊》第十五冊，上海古籍書店，1981 年 11 月。
〔註5〕「素庵」應爲「清庵」之誤。
〔註6〕《文淵閣四庫全書》，集部，別集類，弇州續稿卷一百五十九。

月既望，閱《清庵先生詞》竟，皆道家言，說理圓徹，引而申之，乃至三教一源，庶幾閎旨。其餘禪乘，信有悟入處。其言性，言道，言中，言默，所謂出眾無分彼此，不能出二氏範圍。唯如《沁園春》云：『中是儒宗，中爲道本，中是禪機』言之鄭重，分時以殊途同歸爲注腳，與援儒人入墨、推墨附儒有間。清庵生平，其殆固所守，而觀其通者。」〔註7〕況周頤對李道純以「中」來會通三教的思想，十分讚賞。

─────────────────────

〔註 7〕況周頤著，張秉戊選編：《蕙風簃小品》，北京出版社，1998 年，第 29 頁。

參考文獻舉要

一、元 典

1. 《道藏》（第 1～36 冊）：文物出版社、上海書店、天津古籍出版社，1988年。

2. 《藏外道書》（第 1～36 冊）：巴蜀書社，1992 年。

3. 〔宋〕張君房纂輯，蔣力生等校注：《雲笈七籤》，華夏出版社，1996 年 8月。

4. 《道書全集》，中國書店，1990 年 10 月。

5. 〔元〕李道純撰，王沐選編：《道教五派丹法精選》（第一集），中醫古籍出版社，1989 年 5 月。

6. 〔元〕李道純撰，《中和集》，上海古籍出版社，1989 年 12 月。

7. 徐兆仁主編：《天元丹法》，中國人民大學出版社，1990 年 10 月。

8. 〔梁〕眞諦譯，高振農校釋：《大乘起信論校釋》，中華書局，1992 年 4月。

9. 〔宋〕朱熹撰：《四書章句》，齊魯書社，1992 年。

10. 〔清〕李道平撰，潘雨廷點校：《周易集解纂疏》，中華書局，1994 年，3月。

11. 震陽子撰：《道德經注解》，大連出版社，1993 年 5 月。

12. 王卡點校：《老子道德經河上公章句》，中華書局，1993 年 8 月。

13. 陳鼓應著：《老子注譯及評介》，中華書局，1984 年 5 月。

14. 陳鼓應注譯：《莊子今注今譯》，中華書局，1983 年 4 月。

15. 王明編：《太平經合校》，中華書局，1960 年 2 月。

16. 王明撰：《抱朴子內篇校釋》，中華書局，1985 年 3 月。

17. 〔清〕知幾子集補，蒲團子校輯《參、悟輯注》，存眞書齋，丙戌年（2006年）夏季。

18. 張振國著：《〈悟眞篇〉導讀》，宗教文化出版社，2001年2月。

19. 〔金〕王重陽著，白如祥輯校：《王重陽集》，齊魯書社，2005年6月。

20. 〔金〕丘處機著，趙衛東輯校：《丘處機集》，齊魯書社，2005年6月。

21. 〔金〕馬鈺著，趙衛東輯校：《馬鈺集》，齊魯書社，2005年6月。

22. 〔金〕譚處端、劉處玄、王處一、郝大通、孫不二著，白如祥輯校：《譚處端・劉處玄・王處一・郝大通・孫不二集》，齊魯書社，2005年6月。

23. 《佛教十三經》，國際文化出版公司，1993年9月。

24. 脫脫等：《宋史》，中華書局，1977年。

25. 脫脫等：《金史》，中華書局，1975年。

26. 宋濂等：《元史》，中華書局，1983年。

二、研究著作

（一）哲學類

1. 馮友蘭著：《中國哲學史》，華東師範大學出版社，2000年11月。

2. 馮友蘭著：《中國哲學簡史》，北京大學出版社，1985年2月。

3. 張岱年著：《中國哲學大綱》，中國社會科學出版社，1982年8月。

4. 北京大學哲學系中國哲學史教研室編寫：《中國哲學史》，中華書局，1980年3月。

5. 肖萐父、李錦全：《中國哲學史》，人民出版社，1983年10月。

6. 牟宗三著：《中國哲學十九講》，上海古籍出版社，1997年12月。

7. 牟宗三著：《心體與性體》，上海古籍出版社，1999年12月。

8. 牟宗三著：《從陸象山到劉蕺山》，上海古籍出版社，2001年12月。

9. 〔英〕李約瑟著，陳立夫等譯：《中國古代科學思想史》，江西人民出版社，1999年9月。

10. 張立文著：《和合哲學論》，人民出版社，2004年12月。

11. 張立文主編：《氣》，中國人民大學出版社，1990年12月。

12. 方立天著：《佛教哲學》，中國人民大學出版社，1986年7月。

13. 龐樸著：《一分爲三論》，上海古籍出版社，2003年3月。

14. 楊曾文著：《宋元禪宗史》，中國社會科學出版社，2006年10月。

15. 〔日〕小野澤精一、福永光司、山井湧編，李慶譯：《氣的思想：中國自然觀與人的觀念的發展》，上海世紀出版集團上海人民出版社，2007年3月。

16. 曾振宇著：《中國氣論哲學研究》，山東大學出版社，2001 年 10 月。

17. 周可真著：《哲學與文化研究》，江蘇人民出版社，2005 年 9 月。

18. 周可真著：《顧炎武與中國文化》，黃山書社，2009 年 10 月。

19. 蔣國保、潘桂明著：《儒釋合論》，吉林人民出版社，2007 年 7 月。

20. 潘桂明著：《中國禪宗思想歷程》，今日中國出版社，1992 年 11 月。

21. 潘桂明、吳忠偉著：《中國天台宗通史》，江蘇古籍出版社，2001 年 12 月。

22. 潘桂明著：《中國佛教百科全書‧宗派卷》，上海古籍出版社，2000 年 12 月。

23. 潘桂明、董群、麻天祥著：《中國佛教百科全書‧歷史卷》，上海古籍出版社，2000 年 12 月。

24. 業露華、董群著：《中國佛教百科全書‧教義、人物卷》，上海古籍出版社，2000 年 12 月。

25. 羅立剛著：《宋元之際的哲學與文學》，復旦大學出版社，1999 年 6 月。

26. 黃釗主編：《道家思想史綱》，湖南師範大學出版社，1991 年 4 月。

27. 羅安憲著：《虛靜與逍遙 —— 道家心性論研究》，人民出版社，2005 年 9 月。

28. 李仁群、程梅花、夏當英著：《道家與中國哲學》（宋代卷），人民出版社，2004 年 6 月。

29. 張榮明著：《中國古代氣功與先秦哲學 —— 兼論宋代理學「靜」、「敬」的思想歷程》，上海人民出版社，1987 年 11 月。

30. 張榮明著：《從老莊哲學至晚清方術 —— 中國神秘主義研究》，華東師範大學出版社，2006 年 6 月。

31. 董根洪著：《儒家中和哲學通論》，齊魯書社，2001 年 4 月。

32. 韓強著：《現代新儒學心性理論評述》，遼寧大學出版社，1992 年 8 月。

33. 王健主編：《儒學三百題》，上海古籍出版社，2001 年 5 月。

34. 黃夏年主編：《佛教三百題》，上海古籍出版社，2000 年 12 月。

（二）道教類

1. 許地山撰，劉仲宇導讀：《道教史》，上海古籍出版社，1999 年 12 月。

2. 任繼愈主編：《中國道教史》（增訂本），中國社會科學出版社，2001 年 9 月。

3. 卿希泰著：《中國道教思想史綱》（第一卷），四川人民出版社，1980 年 9 月。

4. 卿希泰著：《中國道教思想史綱》（第二卷），四川人民出版社，1985 年。

5. 卿希泰著：《續‧中國道教思想史綱》，四川人民出版社，1999 年 8 月。

6. 卿希泰主編：《中國道教史》（修訂本），四川人民出版社，1996年。

7. 卿希泰主編：《中國道教》（1～4冊），東方出版社，1994年。

8. 湯一介著：《早期道教史》，崑崙出版社，2006年3月。

9. 李養正著：《道教概說》，中華書局，1989年2月。

10. 牟鍾鑒、胡孚琛、王葆玹著：《道教通論》，齊魯書社，1991年11月。

11. 胡孚琛、呂錫琛著：《道學通論》，社會科學文獻出版社，1999年1月。

12. 胡孚琛著：《魏晉神仙道教》，人民出版社，1989年6月。

13. 潘雨廷著：《道教史發微》，上海社會科學出版社，2003年6月。

14. 朱越利、陳敏著：《道教學》，當代世界出版社，2000年6月。

15. 朱越利著：《道經總論》，遼寧教育出版社，1991年12月。

16. 陳兵著：《道教之道》，今日中國出版社，1995年6月。

17. 王家祐著：《道教論稿》，巴蜀書社，1987年8月。

18. 劉國梁著：《道教與周易》，北京燕山出版社，1994年1月。

19. 〔澳大利亞〕柳存仁講演：《道教史探源》，北京大學出版社，2000年5月。

20. 〔法〕索安著，呂鵬志，陳平等譯：《西方道教研究編年史》，中華書局，2002年11月。

21. 〔法〕安娜·塞德爾著，蔣見元、劉凌譯：《西方道教研究史》，上海古籍出版社，2000年9月。

22. 姜生、湯偉俠主編：《中國道教科學技術史》（漢魏兩晉卷），科學出版社，2002年4月。

23. 詹石窗著：《南宋金元的道教》，上海古籍出版社，1989年12月。

24. 詹石窗著：《南宋金元道教文學研究》，上海文化出版社，2001年1月。

25. 詹石窗著：《道教文化十五講》，北京大學出版社，2003年1月。

26. 郭武著：《道教曆史百問》，今日中國出版社，1995年11月。

27. 王卡主編：《道教三百題》，上海古籍出版社，2002年12月。

28. 盧國龍著：《中國重玄學》，人民中國出版社，1993年8月。

29. 盧國龍著：《道教哲學》，華夏出版社，2007年1月。

30. 張廣保著：《金元全真道內丹心性學》，三聯書店，1995年4月。

31. 劉鋒、臧知非著：《中國道教發展史綱》，（臺灣）文津出版社，1997年1月。

32. 容志毅著：《中國煉丹術考略》，上海三聯書店，1998年5月。

33. 容志毅著：《道藏煉丹要輯研究》，齊魯書社，2006年12月。

34. 李大華著：《隋唐道家與道教》，廣東人民出版社，2003 年 4 月。

35. 羅偉國著：《佛藏與道藏》，上海書店出版社，2001 年 7 月。

36. 章偉文著：《宋元道教易學初探》，巴蜀書社，2005 年 12 月。

37. 劉固盛著：《宋元老學研究》，巴蜀書社，2001 年 9 月。

38. 曾傳輝著：《元代參同學 —— 以俞琰、陳致虛爲例》，宗教文化出版社，2004 年 9 月。

39. 牟鍾鑒、白奚、常大群、白如祥、趙衛東、葉桂桐著：《全眞七子與齊魯文化》，齊魯書社，2005 年 7 月。

40. 國際道德經論壇論文集：《和諧世界，以道相通》，宗教文化出版社，2007 年 4 月。

41. 中國道教協會研究室編：《道教史資料》，上海古籍出版社，1991 年 5 月。

42. 孔令宏著：《從道家到道教》，中華書局，2004 年 9 月。

43. 孔令宏著：《朱熹哲學與道家、道教》，河北大學出版社，2001 年 4 月。

44. 孔令宏著：《宋代理學與道家、道教》，中華書局，2006 年 8 月。

45. 孔令宏著：《宋明道教思想研究》，宗教文化出版社，2002 年 4 月。

46. 孔令宏、韓松濤著：《丹經之祖 —— 張伯端傳》，浙江人民出版社，2007 年 8 月。

（三）養生類

1. 陳攖寧著：《道教與養生》，北京華文出版社，1989 年 6 月。

2. 王沐著：《內丹養生功法指要》，東方出版社，1990 年 5 月。

3. 蕭天石著：《道家養生學概要》，中州古籍出版社，1988 年 12 月。

4. 陳耀庭、李子微、劉仲宇合編：《道家養生術》，復旦大學出版社，1992 年 8 月。

5. 王松齡著：《中國氣功的史、理、法》，華夏出版社，1989 年 11 月。

6. 陳兵著：《道教氣功百問》，今日中國出版社，1992 年 6 月。

7. 陳兵著：《佛教氣功百問》，中國建設出版社，1989 年 6 月。

8. 李遠國著：《道教氣功養生學》，四川省社科院出版社，1988 年。

9. 楊力著：《中醫運氣學說》，北京科學基礎出版社，1999 年 9 月。

10. 楊力著：《周易與中醫學》（第二版），北京科學技術出版社，1989 年 8 月。

11. 陸流著：《氣道》，上海三聯書店，1994 年 1 月。

12. 王唯工著：《氣的樂章》，中國人民出版社，2006 年 9 月。

13. 沈文華著：《內丹生命哲學研究》，東方出版社，2006 年 12 月。

14. 陳禾原：《丹道修煉與養生學》，社會科學文獻出版社，2007 年 1 月。

15. 洪建林編：《仙學解秘：道家養生秘庫》，大連出版社，1991 年 9 月。

16. 郝勤、楊文光合著：《道教養生 —— 道教長壽術》，四川人民出版社，1994 年 7 月。

17. 洪丕謨著：《中國古代養生術》，上海人民出版社，1990 年 7 月。

18. 張興發著：《道教內丹修煉》，宗教文化出版社，2003 年 10 月。

19. 《中國道家醫學文化研究》，黃山書社，1997 年 10 月。

20. 王卜雄、周世榮著：《中國氣功學術發展史》，湖南科學技術出版社，1989 年 7 月。

21. 張廣保著：《唐宋內丹道教》，上海文化出版社，上海文化出版社，2001 年 1 月。

22. 戈國龍著：《道教內丹學溯源》，宗教文化出版社，2004 年 6 月。

23. 戈國龍著：《道教內丹學探微》，巴蜀書社，2001 年 8 月。

24. 蓋建民著：《道教醫學》，宗教文化出版社，2001 年 4 月。

25. 王極盛著：《中國氣功心理學》，中國社會科學出版社，1989 年 5 月。

（四）史學類

1. 趙琦著：《金元之際的儒士與漢文化》，人民出版社，2004 年 9 月。

三、工具書

1. 《哲學大辭典‧中國哲學史卷》，上海辭書出版社，1985 年 12 月。

2. 《辭海》（哲學分冊），上海辭書出版社，1980 年。

3. 任繼愈主編：《宗教詞典》，上海辭書出版社，1981 年 12 月。

4. 任繼愈主編：《道藏提要》（修訂本），中國社會科學出版社，1994 年。

5. 胡孚琛主編：《中華道教大辭典》，中國社會科學出版社，1995 年 8 月。

6. 中國道教協會、蘇州道教協會編：《道教大辭典》，華夏出版社，1994 年 6 月。

7. 張志哲主編：《道教文化辭典》，江蘇古籍出版社，1994 年 6 月。

8. 鍾肇鵬主編：《道教小辭典》，上海辭書出版社，2001 年 12 月。

9. 潘雨廷著：《道藏書目提要》，上海古籍出版社，2003 年 12 月。

10. 朱越利著：《道藏分類解題》，華夏出版社，1996 年 1 月。

11. 李遠國編著：《中國道教氣功養生大全》，四川辭書出版社，1991 年 7 月。

12. 李永正主編：《中國方術大辭典》，中山大學出版社，1991 年 7 月。

四、論　文

1. 卿希泰、詹石窗：《李道純「老學」淺析》，載《船山學報》，1986 年第 1

期。

2. 王沐：《李道純之道統及其它》，載《船山學報》，1986 年第 2 期。

3. 王家祐：《論李道純的内丹學說》，載《道教論稿》，巴蜀書社，1987 年。

4. 潘雨廷：《論李道純及其著作》，載《中國道教》，1994 年第 2 期。

5. 鄧紅蕾：《李道純「眞常之道，悟者自得」的道教教育思想探微》，載李裕民主編《道教文化研究》第一輯，書目文獻出版社，1995 年 9 月。

6. 詹石窗：《李道純易學思想考論》，載陳鼓應主編《道家文化研究》第十一輯：道教易專號，三聯書店，1997 年 10 月。

7. 申喜萍：《李道純的三教合一思想研究》，載《宗教學研究》1998 年第 4 期。

8. 劉固盛：《論李道純的老學思想》，載《三秦道教》，2001 年第 1 期。

9. 鄺國強：《李道純三教同玄論思想探析》，載陳鼓應、馮達文主編《道家與道教：第二屆國際學術研討會論文集》，廣東人民出版社，2001 年 9 月。

10. 陳進國：《李道純的「三教融合」思想及其以「中和」爲本的内丹心性學》，載《中國道教》2001 年第 5 期。

11. 孔令宏：《李道純的道教心性哲學思想》，載《浙江大學學報（人文社會科學版）》2002 年第 4 期。

12. 孔令宏：《李道純的眞常之道論》，載《天府新論》，2003 年第 3 期。

13. 申喜萍：《試析李道純的美學思想》，載《宗教學研究》，2003 年第 3 期。

14. 孫功進：《李道純丹道哲學淺探》，山東大學碩士論文，2004 年。

15. 鍾肇鵬：《道教與醫藥及養生的關係》，載《世界宗教研究》1987 年第 1 期。

16. 郝勤：《道教養生源流簡論》，載《成都體育學院學報》1987 年第 1 期。

17. 陳兵：《道教與氣功》，載《文史知識》1987 年第 5 期。

18. 陳兵：《中華氣功在道教中的發展》，載《世界宗教研究》1989 年第 4 期。

19. 〔日〕阪出祥伸著：《長生術》，載《道教》第 1 卷，上海古籍出版社，1990 年 6 月。

20. 吳受琚：《道教的幾種修煉方法》，載《道教與傳統文化》論文集，1992 年 3 月。

21. 鄭傑文：《中國古代養生觀說略》，載《文史哲》1992 年第 2 期。

22. 黃渭銘：《道教養生思想的特點與方法》，《廈門大學學報》1993 年第 1 期。

23. 韓建斌：《孫思邈的養生術》，載《中國道教》1995 年第 1 期。

24. 張欽：《道教煉養學的哲學基礎》，載《宗教學研究》2000 年第 3 期。

25. 朱越利：《道教養生術》，載《中國道教》2001 年第 4 期。

26. 史孝進：《道教養生學的形成與發展簡述》，載《中國道教》2003 年第 1 期。

27. 吉宏忠：《道教養生思想的基本結構》，載《中國道教》2003 年第 1 期。

致　謝

　　完成對李道純思想的研究，是我多年的願望，這一願望在今天終於實現了。回想起爲此付出的努力，內心眞是百感交集。

　　我發現，自己與「氣」特別有緣，攻讀碩士就讀的山東大學校訓是「氣有浩然，學無止境」，攻讀博士就讀的蘇州大學校訓是「養天地正氣，法古今完人」，就連我研究的課題也都與「氣」有關。道教有採五方之氣和攢簇五行的說法，古代讀書人也有「讀萬卷書，行萬里路」的傳統。我作爲一名道教文化的研究者，要想修成正果，也許注定要走遍東、西、南、北、中。

　　剛剛來到蘇州大學，就深深喜歡上了這所學校。這裡不僅景色優美，更有我深深敬重的潘桂明、蔣國保和周可眞三位中哲教研室的博士生導師。我碩士學的是歷史學專業，哲學思辨的能力稍顯薄弱。周可眞老師「潤物細無聲」般的啓發，使我基本上掌握了哲學研究的範式。當我深陷重重困境、學業被迫拖延時，周老師的鼓勵與鞭策也給了我繼續前行的極大動力。初稿完成後，周老師又不厭其煩地從結構和文字上進行修改，使論文在原有的基礎上增色不少。深深感謝周老師的教誨與提攜！同時潘桂明老師講授的佛教思想史與道教思想史、蔣國保老師講授的新儒家思想，臧知非老師講授的道教史，吳忠偉老師講授的《中論》思想，對我都有非常大的啓發，在此表示感謝！另外還要感謝羅時光、黃崑威、王希坤、劉昆笛、張厚剛、呂紀立、成相如、曾新林、李曉瑋等同學多年來對我的關心和幫助！

　　2008 年，我有幸參加了西北大學組織的「國學與西學」研究生暑期學校。這次暑期學校聘請的教師大多是國內一流的學者。通過學習，我不僅瞭解到國學與西學各學科的最新前沿成果，而且還對人文學科的不同治學方法有了切實的體會。尤其是張豈之先生關於「要處理好哲學研究與歷史研究的關係」

的講話，給我留下了深刻印象。感謝張豈之、陳來、鄧曉芒等暑期學校的各位授課老師！

2009 年，由於參加中央電視臺「開心學國學」比賽獲獎，我取得了到北大哲學系進修兩年的資格。這期間，在余敦康、陳鼓應、樓宇烈、李中華、王守常、王宗煜、冀建中、王中江、王博、楊立華、李四龍、鄭開等老師的指導下，我於中國哲學原典的閱讀上取得了長足的進步。感謝「開心學國學」比賽，感謝北大哲學系的各位授課老師！

2010 年，我參加了在香港舉行的第四屆中國道教科學技術史國際學術研討會。在會上，首次談起自己對於李道純「極體利用」思想的理解，得到了山東大學姜生、王育濟等老師的充分肯定。這使我對自己的研究思路更有信心了。感謝姜老師、王老師的鼓勵！

迫於生活壓力，尚未畢業的我先後到全國老子道學文化研究會和河南鑫山道學文化傳播有限公司工作，並參與組織了「首屆國際老子道學文化高層論壇」和「首屆國際道學沙龍」。在鄭州期間，我忙裏偷閒閱讀了大量內丹學的著作。中原為華夏文明的發源地，當我徜徉在河洛之間，漫步於老子故里，感懷於中嶽之巔時，彷彿感到自己正在與往聖先賢們作近距離的交流。「獨在異鄉為異客」的滋味是不好受的，但我還是要感謝這兩年多艱苦生活對我的磨礪和啓迪！

我的論文寫作得到了朱越利、胡孚琛、劉仲宇、李金康、呂錫琛、孫亦平、王卡、李大華、鄭志明、李顯光、楊玉輝、戈國龍、胡紹皆、尹志華、楊君、容志毅、蔡林波、王馳、嘉一、陶金、康德衡、謝玉軍、佘蓉、劉丹等各位老師和朋友的關心，在此表示誠摯的感謝！

最後，還要特別感謝多年前傳授我中派內丹口訣的周金富道長！去年秋天，因左腿嚴重受傷，我曾深陷悲觀情緒之中。周金富老師的鼓勵與支持使我得以鼓起勇氣，走出低谷，並最終完成論文的寫作。

研究李道純的過程，也就是向李道純學習的過程。多年前，我學習過李道純的中派丹法，如今又學習了李道純「極體利用」的思想。蘇大「養天地正氣，法古今完人」的校訓在我寫作論文的過程中一直激勵著我。感謝蘇州大學的培養！

數載聞道東吳，終生情寄蘇大！

2013 年 3 月 19 日　於蘇州獨墅湖畔